AF314955

CATALOGUE

DE

MÉDAILLES

GRECQUES ET ROMAINES

Composant la Collection ayant appartenu à M. D.-G. de A***

DONT LA VENTE AUX ENCHÈRES PUBLIQUES AURA LIEU

HOTEL DES COMMISSAIRES-PRISEURS, RUE DROUOT, 5

SALLE N° 5, AU PREMIER ÉTAGE

Les 28, 29 & 30 Octobre courant

A UNE HEURE TRÈS-PRÉCISE

M° **DELBERGUE-CORMONT**, Commissaire-Priseur, rue de Provence, 8,

Assisté de MM. **ROLLIN** et **FEUARDENT**, Experts, rue Vivienne, 12, à Paris,

CHEZ LESQUELS SE DISTRIBUE LE PRÉSENT CATALOGUE.

EXPOSITION PUBLIQUE

Le Dimanche 27 Octobre 1867, de une heure à cinq heures.

PARIS

ROLLIN ET FEUARDENT, RUE VIVIENNE, 12

LONDRES

MÊME MAISON, HAY-MARKET, 27

CONDITIONS DE LA VENTE

Elle sera faite au comptant.

Les Acquéreurs paieront, en sus des adjudications, CINQ POUR CENT.

La Collection dont la vente est aujourd'hui confiée
à nos soins est, nous l'espérons du moins, une des
plus belles qui aient été mises en vente sur le marché
de Paris comme choix de médailles ; en publiant
seulement les initiales de l'Amateur distingué qui
avait formé cette Collection, chacun pourra recon-
naître l'homme de goût dont la vente de Gravures
produisait près de deux cent mille francs il y a
quelques années ; un petit nombre d'Objets d'art, de
Médailles, etc., mais des pièces hors ligne, telle était
la maxime de cet excellent Amateur.

Nous avons été tentés un moment de nous laisser
entraîner par le courant de la spéculation en ad-
joignant à notre Catalogue une série de planches
représentant les Médailles les plus remarquables de
cette Collection ; mais le nombre des pièces à signaler
par la gravure comme offrant une conservation excep-
tionnelle, ou un travail remarquable, ou un type d'art
extraordinaire, eût été si grand, que les trois quarts
de la Collection auraient été soumis au burin.

Ces pièces, en outre (une douzaine exceptées), ont été déjà gravées et publiées tant de fois, que nous avons regardé comme une superfétation d'en reproduire une fois de plus les images; enfin, un Catalogue de vente nous paraît trop éphémère pour y multiplier les planches, alors que les hommes de science sont si souvent contraints de restreindre dans leurs ouvrages les figures des monuments les plus éminents de l'art antique.

En voyant l'exposition de toutes les merveilles que renferme cette Collection, on nous pardonnera les expressions de *magnifique, superbe, splendide, etc.*, que nous avons mises à la suite des descriptions d'une si grande quantité de Médailles; si nous n'avions eu que la conservation à mentionner, la chose eût été toute simple; mais il fallait faire ressortir le mérite artistique de ce choix de pièces; et nous ne pensons pas qu'on puisse nous taxer d'exagération; répétons-le, toutes les Médailles, à quinze ou vingt pièces près, sont belles, très-belles, et généralement fleur de coin.

C. R. ET F.

CATALOGUE

DE

MÉDAILLES ANTIQUES

ANCIENS PEUPLES

GAULE

Marseille.

1. Buste de Diane à droite. R̃. ΜΑΣΣΑΛΙΗΤΩΝ. Lion. AR .
2 pièces.

Chef Séquane.

2. *Docirix*. Q. DOCI. Tête casquée à gauche. R̃. Q. DOC SAM. F.
Cheval courant à gauche. AR².

3. Tête barbare à gauche. R̃. TOCI. Cheval courant à gauche.
POT⁴.

Elusates.

4. Tête barbare à droite. R̃. Cheval ailé à gauche dessous un
carré. AR⁴.

Chef des Bituriges.

5. *Abudos*. Tête imberbe à gauche, devant un fleuron. R̃. B...S.
Cheval courant à gauche, au-dessus un aigle, dessous trois
annelets; belle et rare médaille. OR².

Pictons ?

6. Tête d'Apollon à droite. R. Char conduit par un aurige, dessous une tête humaine; très-belle pièce. OR².

Carnutes.

7. Tête imberbe à droite. R. Aigle à droite tenant un poisson dans ses serres, dans le champ croix et quatre points et un pentagramme; très-belle pièce, belle patine. Æ⁴.

Ossismiens.

8. Tête à droite entourée de quatre petites têtes retenues par des cordons perlés. R. Cheval androcéphale entouré de têtes humaines retenues par des cordons perlés, en bas un sanglier attaqué par un aigle. POT⁵.

Unelli ou Ambiens.

9. Tête légèrement barbue à droite. R. ΠΠΠΠ. Aurige conduisant un char traîné par un cheval androcéphale; devant le poitrail du cheval une branche, dessous un vanneau; très-belle et très-rare médaille. OR².

Chef Aulerke.

10. PIXTILOS. Tête de Diane à gauche. R. PIX.... Dragon à gauche dévorant un guerrier renversé; magnifique pièce fleur de coin. Æ⁴.

Rêmes.

11. REMO. Têtes imberbes et accolées des trois Gaules ? R. REMO. Bige conduit par un aurige à gauche. Æ³.

Leukes.

12. Tête imberbe à gauche. R. Sanglier à gauche, dessous un fleuron.

Médiomatrikes.

13 Tête laurée d'Apollon à droite. ℞. Traces de légende barbare. Pégase courant à droite, dessous trois fleurs à trois et cinq pétales. OR^3.

Atrébates.

14. Cheval barbare courant à droite, dessus un aurige informe entouré de globules. ℞. Lisse avec traces de légende? OR^4.

Pannoniens.

15. Tête imberbe de face. ℞. Cavalier au pas à gauche, dessous une branche; très-beau tétradrachme. AR^4.

16. Tête vieille et imberbe à droite avec un bandeau formé d'un triple rang de perles. ℞. Cheval au galop à gauche, au-dessus un buste de femme (?) tous les cheveux relevés; autre superbe tétradrachme. AR^5.

CAMPANIE

Cumæ.

17. Tête de femme à droite. ℞. ΚΥΜΑΙΟΝ (rétrograde). Coquille, dessous un grain d'orge; très-belle pièce. (Mionnet, n° 141. AR^5

Neapolis.

18. Tête de Diane à gauche, derrière masque, dessous ΠΒ en monogramme. ℞. ΝΕΟΠΟΛΙΤΩΝ. Bœuf à face humaine à droite couronné par la Victoire, dessous ΒΙ; très-belle pièce d'une fabrique remarquable. (Mionnet, n° 313.) AR^5.

19. Tête de femme à droite, ceinte d'un large diadème. ℞. Le même sans lettres. Magnifique pièce fleur de coin. (Mionnet, n° 152.) AR^5.

Phistelia.

20. Tête de femme de face. R. VISTLVS. Bœuf à face humaine allant à gauche, dessous un dauphin; très-belle pièce. (Mionnet, nº 641.) AR⁵.

Roma (Médailles campaniennes).

21. Tête de Mars imberbe à droite. R. ROMA. Buste de cheval à droite, derrière strigillum; pièce d'un beau travail et fleur de coin. (Mionnet, nº 292.) AR⁵.

22. Tête d'Apollon à droite. R. ROMA. Cheval libre au galop à gauche; pièce d'un très-beau travail et tout à fait fleur de coin. (Mionnet, nº 293.) AR⁵.

23. Tête d'Hercule jeune à droite. R. ROMA. La Louve allaitant les deux enfants; deux très-belles pièces. (Mionnet, nº 281.) AR⁵.

24. Type du nº 21 en bronze; très-belle pièce. (Mionnet, Supp., nº 109.) Æ³.

25. Tête de Pallas? à droite. R. ROMA. Chien allant à droite; très-belle pièce. (Id., supp.. nº 413.) Æ².

26. Double tête imberbe laurée. R. ROMA (incus). Jupiter et la Victoire dans un quadrige à droite; très-belle pièce. AR⁶.

27. Même médaille, ROMA en relief; très-belle pièce. AR⁵.

28. Tête d'Hercule jeune à droite, derrière .... R. ROMA. Taureau courant à droite, dessous un serpent, dessus .... Æ¹⁰.

29. Tête radiée du soleil de face, dans le champ .. R. ROMA. Croissant, au-dessus et étoile; très-belle pièce, patine verte. Æ⁶.

Suessa.

30. Tête laurée d'Apollon à droite. R. SVESANO. Cavalier conduisant deux chevaux allant à gauche. (Mionnet, nº 252, variée.) AR⁶.

31. Même médaille, une lyre derrière la tête d'Apollon; très-belle pièce d'un travail irréprochable. AR⁶.

Teanum.

32. Tête d'Hercule jeune. R̶. TEANVR (rétrograde). Victoire conduisant un trige à gauche; belle pièce également d'un très-beau travail. (Mionnet, n° 262.) AR[6].

CALABRE

Tarentum.

33. ... AΣ.Φ. Tête de femme à droite. R̶. .... Enfant nu de face tenant une quenouille (?) et un objet de forme ronde, le pied gauche posé sur un dauphin; très-belle pièce d'une fabrique remarquable; variété inédite; poids 1 gr. 5 décig. OR[1] 1/2.

34. Tête d'Hercule jeune à droite. R̶. ΤΑΡΑΣ. Taras sur un dauphin allant à gauche; poids 85 centigr. (Mionnet, Supp., n° 548.) OR[1].

35. Cavalier nu assis sur son cheval, tenant un bouclier et courant à gauche. R̶. ΤΑΡΑΣ. Taras nu sur un dauphin à gauche, la gauche posée sur le dauphin et tenant une aile de la droite, dessous Σ; très-belle pièce. AR[5].

36. ΤΑΡΑΣ. Taras nu sur un dauphin à gauche; il tient un trident et un diota, dans le champ AP et un petit dauphin. R̶. ΣΑ. Cavalier armé de deux lances et d'un bouclier galopant à droite et lançant un javelot. (Mionnet, n° 417.) Deux très-belles pièces. AR[5].

37. ΤΑΡΑΣ. Taras sur le dauphin à gauche, tenant une quenouille, dessous proue de navire. R̶. ΣΑ. Même cavalier. (Id., Supp., n° 567.) AR[5].

APULIE

Ryba.

38. Tête de Pallas à droite. R̶. ΡΥ. Hercule debout à droite étouffant le lion; très-belle pièce. (Id., n° 472). AR. 1 1/2.

LUCANIE

Heraclea.

39. Tête de Pallas à droite, casque orné d'un cheval marin. R. HPAKΛEIΩN. Hercule debout à gauche étouffant le lion de Némée; dans le champ, arc et massue; médaille d'un très-beau travail. (Mionnet, n° 502, variée.) AR⁶.

40. Même tête, casque orné du monstre Scylla. R. Le même; dans le champ, massue et chouette; magnifique pièce d'un style admirable. (Id., n. 503.) AR⁵.

41. Variété de la même pièce, sans la chouette. (Id.. Supp,, n° 645.) AR⁵.

42. HPAKΛHIΩN. Même tête. R. HPAKΛHIΩN.ΛOΛ. Hercule nu debout, de face, tenant un arc, la dépouille du lion et sa massue; dans le champ, un vase à une anse; très-belle pièce. (Id., n° 509.) AR⁵.

43. Autre magnifique pièce également d'un travail irréprochable, au même type; la lettre K derrière le casque. AR⁵.

Métaponte.

44. Tête casquée et barbue de Mars à droite; derrière, tête de lion. R. META. Épi. Une massue posée sur la feuille; dans le champ, AMI. (Mionnet, n° 576.) AR⁵.

Thurium.

45. Tête de Pallas à droite, casque orné du monstre Scylla. R. ΘOΥPIΩN. Taureau cornupète à droite, dessous un poisson; poids, 15 grammes 5 décig. Tétradrachme. (Mionnet, Supp., n° 838). AR⁶.

46. Même médaille. Didrachme, fleur de coin. (Id., n° 666.) AR⁵.

47. Même pièce d'une plus ancienne fabrique ; le casque orné
de laurier. (Id., Supp., n° 850.) AR⁵.

Velia.

48. Partie antérieure d'un lion à droite, brisant une lance.
R̥. Carré creux divisé en quatre parties ; très-belle pièce ;
poids, 3 grammes 8 décig. AR² 1/2. (1)

49. Tête casquée de Pallas à gauche ; casque orné d'un griffon ;
derrière, Θ. R̥. ΥΕΛΗΤΩΝ. Lion allant à droite, dessous Θ.
(Mionnet, n° 727, variété). AR⁵.

50. La même, avec Φ sous le lion (Id., n° 729). AR⁵.

51. Même tête, casque ailé ; dans le champ, Φ et Κ. R̥.
ΥΕΛΗΤΩΝ. Lion allant à gauche ; au-dessus, ΦΙ et triquetra ;
pièce fleur de coin. (Id., n° 734.) AR⁵.

52. Même tête, casque lauré. R̥. ΥΕΛΗΤΩΝ. Lion à gauche dévorant un cerf. (Id., n° 940, variée.) AR⁵.

BRUTTIUM (IN GENERE)

53. Tête de la Victoire à droite ; derrière, un oiseau. R̥. BPET-
TIΩN. Bacchus nu debout, de face, se posant une couronne
sur la tête ; dans le champ, un gouvernail ; très-belle médaille. (Mionnet, n° 762.) AR⁴.

54. Tête diadémée de Junon à droite ; derrière, un bonnet.
R̥. BPETTIΩN. Neptune debout, à gauche, le pied sur
un chapiteau de colonne ; pièce fleur de coin. (Id., n° 769,
variéte.) AR⁴.

55. Tête de Pallas à droite ; casque orné d'un griffon. R̥. BPET-
TIΩN. Aigle sur un foudre à gauche ; dans le champ,
un flambeau ; pièce d'un très-beau style et également fleur
de coin. (Id., n. 772.) AR³.

---

(1) Cette pièce appartient peut-être à la chersonèse de Thrace.

56. Tête laurée d'Apollon à droite; derrière, une lyre. ℞. BPET-
TIΩN. Diane chasseresse allant à gauche; à ses pieds, un
chien; dans le champ, un croissant; pièce également fleur
de coin et d'un travail remarquable. (Id., Supp., n° 917, variée.) AR³.

Croton.

57. Aigle éployé à gauche sur une branche d'olivier. ℞. Sans légende; trépied; à droite, un serpent; à gauche, un épi;
cette pièce fleur de coin n'est pas citée par Mionnet. AR⁵.

58. Tête d'Apollon à droite. ℞. KPO. Trépied; dans le champ,
une branche de laurier ornée de bandelettes; très-belle pièce
d'un style remarquable. (Id., n° 862.) AR⁵.

59. KPOTΩNIAT... Même tête. ℞. Hercule enfant, assis à terre,
étouffant deux serpents; très-belle et rare pièce. (Id.,
n° 864.) AR⁴.

60. OSYSATAM. Hercule jeune, nu, assis à gauche sur un
rocher, devant un autel allumé, tenant de la main droite une
branche, la gauche sur la massue, à terre un arc et un carquois. ℞. Trépied d'Apollon; dans le champ, Apollon à
genoux tirant de l'arc sur un serpent dressé; très-belle
et très-rare médaille d'un travail artistique irréprochable;
poids, 7 grammes 6 décigr. (Mionnet, Supp., n° 990.) AR⁶.

Locri.

61. Tête laurée de Jupiter à droite; derrière, un foudre.
℞. ΛOKPΩN. Aigle volant à gauche, enlevant un lièvre dans
ses serres; pièce fleur de coin. (Mionnet, n° 904.) AR⁵.

Rhegium.

62. Tête de lion de face; dans le champ, à gauche, feuilles
de laurier. ℞. RECINOΣ. Jupiter assis à gauche, la main
droite sur un sceptre, la gauche appuyée sur le siége;
poids, 17 grammes 3 décigr. (Mionnet, n° 949, variété.)
AR⁸.

63. Même tête sans les feuilles. Ŗ. PHΓINΩN. Tète laurée
d'Apollon, à droite; derrière, deux feuilles de laurier; très-
belle médaille d'un style irréprochable; même poids.
(Id., n° 952.) AR[7].

Terina.

64. Légende rognée; tète de femme à droite, tous les cheveux
relevés. Ŗ. TEPINAIΩN. Victoire assise à droite sur un
vase renversé, tenant de la main droite un caducée, un oiseau
sur la gauche; le revers de cette belle médaille est d'une
beauté extraordinaire comme conservation et comme travail
artistique. AR[5].

65. TEPINAIΩN. Même tête d'un caractère différent. Ŗ. Victoire
assise à gauche sur une base, tenant une branche d'olivier;
devant elle, une autruche. AR[4].

SICILE

Agrigentum.

66. AKRAΓANTOΣ. Aigle au repos, à gauche. Ŗ. Crabe. (Mionnet, n° 29.) AR[6].

Gelas.

67. CEΛAΣ. Partie antérieure d'un bœuf à face humaine, à
droite. Ŗ. Figure dans un bige, au pas, à droite; au-dessus,
une Victoire couronne les chevaux; très-belle pièce. (Id.,
n° 228.) AR[7].

68. CEΛAΣ. Même Bœuf. Ŗ. Cavalier au galop, à droite,
frappant de sa lance. Très-belle pièce. (Id., n° 236.) AR[5].

Leontini.

69. ΛEONTINO. Tête de lion entourée de quatre grains d'orge.
Ŗ. Figure dans un bige, à droite; au-dessus, une Victoire
couronne les chevaux. (Mionnet, n° 330.) AR[7].

70. Même tête et même légende. ℞. Tête laurée d'Apollon,
à droite; pièce très-belle et d'un style parfait. (Id., n° 318.
AR⁷.

71. Même légende et même tête. ℞. Cavalier courant à droite;
très-belle et rare pièce. Didrachme. (Id., n° 331.) AR⁵.

Naxos.

72. Tête de Bacchus, à droite, couronnée de lierre. ℞. ΝΑΞΙΩΝ.
Silène nu, assis de face près d'un cep de vigne, tenant de la
main droite un diota, de la gauche un thyrse; très-belle
pièce; la tête de Bacchus irréprochable; elle est de style
très-ancien; poids, 17 grammes 2 décigr. (Id., n° 443.) AR⁸.

73. Même tête d'un style plus récent. ℞. ΝΑΧΙΩΝ. Silène nu assis
à gauche, tenant un diota; poids, 4 grammes 2 décig.; pièce
fleur de coin, le Silène parfaitement placé au milieu de
la médaille. (Id., n° 441.) AR⁴.

Panorme (1) ou Carthage.

74. Tête d'Hercule jeune à droite. ℞. Légende rognée. Buste
de cheval à gauche; derrière, un palmier; devant, un épi;
(Muller, Numismatique de l'ancienne Afrique, n° 11, la tête
d'Hercule très-belle.) AR⁷.

75. Tête de déesse (la Sicile?) à gauche, couronnée de roseaux;
dans le champ, Pétoucle et quatre dauphins. ℞. Cheval
au pas; à droite, au fond, un palmier; poids, 17 grammes.
Pièce d'une beauté de travail extraordinaire et entièrement
fleur de coin. (Muller, n° 36.) AR⁷.

Sélinus.

76. ΣΕΛΙΝΟΣ. Apollon nu debout à gauche, tenant une patère
et une branche de laurier; devant lui, un autel avec un
coq; derrière, un autre autel surmonté d'un taureau debout;
dans le champ, une feuille d'arbre. ℞. ΣΕΛΙΝΟΝΤΙΩΝ.
Apollon et Diane dans un bige au pas à gauche; Apollon tire
de l'arc; rare et magnifique pièce d'une conservation hors
ligne. (Mionnet, n° 676.) AR⁸.

(1) Voir également les médailles classées à Carthage.

Syracuse.

77. Tête de Cérès à gauche; derrière, B. ℞. ΣΥΡΑΚΟΣΙΩΝ. Victoire conduisant un bige au galop, à droite; au-dessus, une étoile; poids, 4 grammes 2 décig.; très-belle pièce. (Mionnet, nº 702, variée.) OR[3].

78. Tête d'Apollon à gauche. ℞. Sans légende, même type; dessous, triquetra et Φ; poids, 3 grammes; rare et magnifique pièce fleur de coin. (Id., nº 689.) OR[2].

79. Même tête derrière un osselet. ℞. ΣΥΡΑΚΟΣΙΩΝ. Trépied; poids, 3 grammes 7 décigrammes; pièce d'un style irréprochable et fleur de coin. (Id., nº 693.) EL[3].

80. ΣΥΡΑΚΟΣΙΩΝ. Tête de femme à droite, la chevelure ceinte d'un cordon perlé, le chignon relevé et formant queue; dans le champ, quatre poissons. ℞. Figure dans un bige allant à droite; au-dessus, une Victoire couronne les chevaux; belle pièce très-ancienne, l'œil de face. (Id., nº 723.) AR[6].

81. ΣΥΡΑΚΟΣΙΩΝ. Tête de Proserpine à gauche, les cheveux retenus par un réseau; sur le bandeau posé sur le front, la lettre K; dans le champ, quatre poissons; sur celui placé sous le cou, on lit le mot ΚΙΜΩΝ parfaitement lisible. ℞. Figure dans un quadrige au galop à gauche; au-dessus, une Victoire couronne le conducteur; dessous, des armes; médaille de la plus grande beauté pour la face et le revers· (Mionnet, nº 766). AR[10].

82. Même tête sans le réseau; dans le champ, trois poissons; dessous, ΦΙ. ℞. Le même, un triquetra remplace la Victoire. Très-belle pièce. (Id., nº 754, variée.) AR. 6.

83. Tête de Pallas à gauche. ℞. ΣΥΡΑΚΟΣΙΩΝ. Diane chasseresse allant à gauche et tirant de l'arc; près d'elle, son chien courant; dans le champ, ΔA; très-belle médaille· (Mionnet, nº 785, variée). AR[6].

84. Même tête à droite, casque orné d'un griffon; derrière, le Palladium. ℞. ΣΥΡΑΚΟΣΙΩΝ. Pégase au galop, à gauche; dessus, triquetra; médaille d'un beau travail et fleur de coin. (Id., nº 779.) AR[5].

85. ΣΥΡΑΚΟΣΙΩΝ. Même tète, casque uni. ℞. Pégase courant à droite; pièce fleur de coin. (Id., n° 782.) AR⁶.

ROIS DE SICILE

Agathocle (317 à 289 avant J.-C.)

86. Tète de Pallas à droite, casque orné d'un griffon. ℞. ΑΓΑΘΟ-ΚΛΕΟΣ ΒΑΣΙΛΕΩΣ. Foudre ailé, pièce fleur de coin. (Mionnet, n° 43.) OR⁴.

87. ΚΟΡΑΣ. Tète de Cérès couronnée d'épis à droite. ℞. ΑΓΑΘΟ-ΚΛΕΟΣ. Victoire debout à droite érigeant un trophée; dans le champ, AN en monogramme et triquetra; pièce irréprochable comme travail artistique et comme conservation. (Id., n° 49.) AR⁷.

Hiéron II (270 à 216 avant J.-C.).

88. Tète de Cérès couronnée d'épis à gauche; derrière, une palme. ℞. ΙΕΡΩΝΟΣ. Figure dans un bige au galop, à droite; pièce fleur de coin. (Id., n° 61.) OR³.

Philistis (femme de Hiéron II?)

89. Tète voilée de la reine à gauche; derrière, un sceptre. ℞. ΒΑΣΙΛΙΣΣΑΣ ΦΙΛΙΣΤΙΔΟΣ. Victoire dans un quadrige au galop, à droite; dessous, E; très-belle pièce fleur de coin. (Id., Supp., n° 42.) AR⁷.

90. Même tète; derrière, un thyrse. ℞. Même légende. Victoire dans un quadrige au pas, à droite; devant, A; au-dessus, un croissant; très-belle pièce. (Id., n° 96.). AR⁷.

Gelon II.

91. Tète diadémée de Gelon à gauche. ℞. ΣΥΡΑΚΟΣΙΟ (1) ΓΕΛΩΝΟΣ. Victoire dans un bige au galop, à gauche; dans le champ, BA et la lettre E; magnifique pièce à fleur de coin. (Mionnet, n° 2, variée.) AR⁵.

(1) Ces deux médailles ont été classées à tort à Gélon I; elles ne peuvent appartenir qu'au second, leur fabrique étant identique avec celle des pièces de Hiéron II et Hiéronyme.

92. Même tête. R. Même légende, Aigle sur un foudre, à droite ;
dans le champ, BA.E. ; très-belle pièce. (Id., n° 6.) AR³.

Hieronyme (216-215 avant J.-C.)

93. Tête diadémée du roi à gauche. R. ΒΑΣΙΛΕΩΣ ΙΕΡΟΝΥΜΟΥ.
Foudre ailé ; dans le champ, ΞΑ ; très-belle pièce. (Mionnet,
n° 88.) AR⁶.

· THRACE

Abdera.

94. ΚΑΛΛΙΔΑΜΑΣ. Griffon à gauche. R. ΑΒΔΗΡΙΤΕΩΝ dans une
double aire carrée en creux ; très-belle pièce ; poids, 15 gr. ;
inédite. AR⁷.

Chersonesus.

95. Partie antérieure d'un lion à droite se retournant. R. Carré
creux ; deux parties en relief ; dans les divisions, un vase,
un globule, et ΑΓ en monogramme. (Mionnet, n° 14, variée.)
AR².

ROIS DE THRACE

Lisimaque (324 à 282 avant J.-C.).

96. Tête cornue du roi à droite. R. ΒΑΣΙΛΕΩΣ ΛΥΣΙΜΑΧΟΥ.
Pallas assise à gauche sur un siége, tenant de la main droite
la Victoire, le coude gauche appuyé sur un bouclier ; sur le
siége, ΒΥ ; dessous, trident ; dans le champ, ΕΝΗ en monogramme ; très-belle pièce frappée à Byzance. (Mionnet,
n° 16, variété). OR⁴ 1/2.

97. Même tête. R. Le même ; autres monogrammes. Magnifique
médaille frappée à Cyzique. (Muller, pl. vii, n° 283.) AR⁹.

98. Autre. Dans le champ du R., massue et monogramme ;
dessous, ΑΓ en monogramme et carquois ; pièce également
irréprochable, frappée à Erythrée. (Muller, pl. viii, n° 414.)
AR⁹.

Rhoemetalces (Contemporain d'*Auguste*).

99. ΒΑΣΙΛΕΩΣ POIMHTAΛKOY. Tête laurée de Rhoemetalces à
droite. R. ΚΑΙΣΑΡΟΣ ΣΕΒΑΣΤΟΥ. Tête nue d'Auguste à
droite. Æ⁴.

PAEONIE

Audoleon, roi (340 à 330 avant J.-C.).

100. Tête imberbe, casquée de face ; le casque à trois aigrettes.
R. ΑΥΔΩΛΕΟΝΘΟΣ. Cheval bridé au pas, à droite ; dessous,
un caducée ; pièce fleur de coin, peut-être la plus belle
connue ; poids, 12 grammes 7 décig. (Mionnet, n° 2, variée.) AR⁶.

MACÉDOINE (IN GENERE)

101. Tête de Diane à droite sur un bouclier macédonien. R;
MAKEΛONΩN ΠΡΟΤΗΣ. Massue au milieu d'une couronne.
dans le champ, N. et HP. en monogramme. (Mionnet, n° 52.)
AR⁹.

102. Même tête. R. MAKEΔONΩN. LEG. Massue et main tenant
une branche de laurier ; dans le champ, AV en monogramme ; médaille très-rare de la plus grande beauté comme
travail et fleur de coin ; poids, 16 grammes 1 décig.; inédite.
AR⁹.

103. MAKEΔONΩN. Tête d'Apollon à droite ; derrière, Θ. R.
AESILAS.Q. Ciste, massue et table ; très-belle pièce.
(Mionnet, n° 33.) AR⁸.

104. Même médaille également très-belle, sans le Θ. AR⁹.

Acanthus.

105. Lion dévorant un taureau ; au-dessus, Θ. R. Carré creux divisé en quatre parties égales ; poids, 17 grammes 1 décigr.;
magnifique pièce, irréprochable. (Mionnet, n° 86.) AR⁷.

Amphipolis.

106. Tête laurée d'Apollon de face. R̟. ΑΜΦΙΠΟΛΙΤΕΩΝ. Torche au milieu d'un carré creux; magnifique pièce d'un style admirable; poids, 14 grammes 4 décig. AR⁶.

107. Même médaille d'un travail plus récent : un trépied placé au-dessous de la torche; poids, 14 grammes 3 décig.; pièce fleur de coin, peut-être la plus belle comme style et conservation de la trouvaille. AR⁶ 1/2.

Chalcis.

108. Tête laurée d'Apollon à gauche. R̟. ΚΑΛΚΙΔΕΩΝ. Lyre; poids, 14 grammes 4 décig.; magnifique pièce d'un travail parfait. (Mionnet, Supp., n° 385.) AR⁶.

Lete.

109. Homme ou Faune nu debout, à droite (*veretro erecto*). saisissant une femme par le bras et lui caressant le menton; dans le champ, deux globules. R̟. Carré creux divisé en quatre parties carrées; magnifique pièce fleur de coin; poids, 9 grammes 7 décig. AR⁵.

110. Satyre accroupi à droite; dans le champ, deux globules. R̟. Carré divisé en quatre parties triangulaires. AR⁴.

Neapolis.

111. Masque de face, tirant la langue. R̟. Carré creux; très-belle pièce d'un très-ancien style. (Mionnet, Supp., n° 505. AR⁴.

Orestae.

112. Satyre nu et agenouillé, à droite (*veretro erecto*), tenant une femme couchée dans ses bras. R̟. Carré creux divisé en quatre parties : très-belle pièce. AR⁵.

ROIS DE MACÉDOINE

Philippe II (359 à 336 avant J.-C.).

113. Tête d'Apollon à droite. R. ΦΙΛΙΠΠΟΥ. Figure dans un bige au galop, à droite; dessous, trident. Frappée à Amphipolis; pièce fleur de coin. (Muller, pl. xxiv, nº 59.) OR⁴.

114. Tête de Jupiter à droite. R. ΦΙΛΙΠΠΟΥ. Cavalier à droite, tenant une palme; dessous, foudre. Frappée à Mende; très-belle pièce. (Muller, pl. xxv, nº 108.) AR⁶.

115. Même médaille, roue sous le cheval. Frappée à Traelium; pièce également très-belle. (Id., pl. xxiv, nº 75). AR⁶.

116. Autre; un acrostalium? placé sous le cheval; variété inédite. AR⁶.

Alexandre-le-Grand (336 à 323 avant J.-C.).

117. Tête casquée de Pallas à droite. R. ΑΛΕΞΑΝΔΡΟΥ. Victoire debout à gauche tenant une palme et une couronne; dans le champ, un trident. Frappée à Amphipolis; poids, 17 gr. 2 décig.; très-belle pièce double statère. (Muller, nº104.) OR⁸.

118. Même médaille, mais statère; dans le champ, Φ; très-belle pièce. (Muller, nº 797.) OR⁴.

119. Tête d'Hercule jeune à droite. R. ΑΛΕΞΑΝΔΡΟΥ. Jupiter Aetophore assis à gauche; dans le champ, caducée. Frappée à Pelagonia; très-belle pièce. (Muller, nº 207.) AR⁷.

120. Même pièce également très-belle; devant le Jupiter, une mouche et la lettre M; sous le siége le monogramme des trois provinces réunies. (Muller, nº 696.) AR⁷.

121. Autre également très-belle avec BAN en monogramme; devant le Jupiter, MI également en monogramme sous le siége. Inédite. AR⁷.

Antigone, roi d'Asie (306 à 301 avant J.-C.).

122. Tête de Neptune ceinte de roseaux à droite. R. ΒΑΣΙΛΕΩΣ
ΑΝΤΙΓΟΝΟΥ. Apollon nu assis sur une proue de vaisseau ;
dessous, deux monogrammes ; poids, 17 grammes ; très-belle
médaille d'un grand style. (Mionnet, n° 823, variété.) AR⁹.

Démétrius Ier, **Poliorcetes** (294 à 287 avant J.-C.).

123. Tête cornue et diadémée du roi à droite. R. ΒΑΣΙΛΕΩΣ
ΔΗΜΗΤΡΙΟΥ. Neptune debout à gauche, le pied sur un rocher, la main gauche appuyée sur sa cuisse ; dans le champ,
deux monogrammes ; très-belle pièce. (Mionnet, n° 846,
variété.) AR⁸.

Antigone Ier, **Gonatas** (277 à 239 avant J.-C.).

124. Tête virile imberbe et cornue à gauche, derrière le *pedum ;*
le tout placé sur un bouclier macédonien. R. ΒΑΣΙΛΕΩΣ
ΑΝΤΙΓΟΝΟΥ. Pallas debout, à gauche, lançant la foudre ;
dans le champ, devant, casque macédonien ; derrière, HA en
monogramme ; magnifique pièce. (Mionnet , n° 849).
AR⁸ 1/2.

Philippe V (221 à 179 avant J.-C.).

125. Tête légèrement barbue et diadémée de Philippe V, à droite.
R. ΒΑΣΙΛΕΩΣ ΦΙΛΙΠΠΟΥ. Massue. ΣΟ, ΜΕ et ΣΙ en monogramme ; le tout dans une couronne de laurier ; dessous, un
trident ; très-belle et rare drachme. (Mionnet, n° 899.) AR⁴.

Persée (220 à 178 avant J.-C.).

126. Tête légèrement barbue et diadémée de Persée à droite.
R. ΒΑΣΙΛΕΩΣ ΠΕΡΣΕΩΣ. Aigle sur un foudre à droite ; dans
le champ. ΞΩ, ΜΕ, ΕΥ en monogramme ; le tout dans une
couronne. Magnifique pièce d'un très-beau style. (Mionnet,
n° 933.) AR⁹ 1/2.

2

THESSALIE (IN GENERE)

127. Tête laurée de Jupiter à droite. ℞. ΘΕΣΣΑΛΩΝ ΛΕΙΠΠΟΣ ΓΟΡΓΑΠΑΣ. Pallas armée d'une lance et d'un bouclier combattant à droite; magnifique pièce. (Mionnet, n° 2.) AR⁵.

Larissa.

128. Homme nu marchant à droite, domptant un taureau; derrière lui, son chapeau et son écharpe emportés par le vent. ℞. ΛΑΡΙΣΣΑ. Cheval libre au galop, à droite, au milieu d'un carré creux. (Mionnet, n° 105, variée.) AR⁵.

129. Même type, le dompteur à gauche. ℞. ΛΑΡΙΣΣΑΙΑ. Même type, fleur de coin. (Id., n° 106.) AR⁵.

130. Tête de femme à gauche, les cheveux retenus dans un large bandeau. ℞. Le même ; très-belle pièce. (Id.. n° 112.) AR⁵.

131. Tête de femme de face. ℞. ΛΑΡΙΣΣΑΙΩΝ. Cheval paissant à droite. (Id., n° 115.) AR⁵.

ÉPIRE (IN GENERE)

132. Têtes accolées de Jupiter et de Junon à droite; derrière, ΠΥ en monogramme. ℞. ΑΠΕΙΡΩΤΑΝ. Taureau cornupète à droite; le tout au milieu d'une couronne de chêne; très-belle pièce; poids. 10 grammes. (Mionnet, n° 2.) AR⁷.

133. Tête de Jupiter à droite; derrière, le même monogramme. ℞. Même légende, Aigle à droite, au milieu d'une couronne de chêne; très-belle pièce. (Id., n° 7.) AR⁵.

134. Même tête à gauche; dans le champ, deux monogrammes. ℞. Le même aigle à gauche; pièce également très-belle. (Id., Supp., n° 10, variété.) AR⁴.

ROIS D'ÉPIRE

Pyrrhus (296 à 272 avant J.-C.).

135. Tête de Cérès à droite; derrière, une couronne. ℞. ΒΑΣΙΛΕΩΣ
ΠΥΡΡΟΥ. Pallas marchant à gauche se couvrant de son bouclier et frappant de sa lance; dans le champ, foudre et E;
très-belle pièce. (Mionnet, n° 16.) AR⁵.

136. (1) Tête imberbe d'un héros, casquée à gauche; dessous, A.
℞. Même légende, Femme voilée assise à gauche sur un
hippocampe; elle pose la main sur un bouclier; médaille très-rare et très-belle. (Id., n° 22.) AR⁶.

Ptolémée? Vers (230 avant J.-C.).

137. Tête de femme à droite, avec une couronne ornée de palmettes. ℞. ΠΤΟΛΕΜΑΙ. Aigle sous un foudre à gauche;
devant, une couronne. (Id., n° 44.) Æ⁶.

> Cette dernière pièce pourrait aussi appartenir à une ville du nom de Pto-
> lémaïs.

CORCYRE

138. Tête de Bacchus couronnée de lierre, à droite. ℞. M. et KOP en
monogramme. Pégase courant à droite. (Mionnet, n° 15.)
AR⁴.

---

(1) Jusqu'à ces derniers temps, on avait toujours vu la tête d'Achille figurer sur
cette rare médaille; la lettre A, placée au-dessous ou à côté, semblait confirmer
cette attribution. Mais la médaille de la collection de feu M. Prosper Dupré est
venue, il nous semble, renverser cette attribution; les lettres placées derrière la tête
donnaient l'abréviation d'un nom commençant par AΓ ou ΓA; on ne doit, il nous
semble, voir dans ces lettres qu'un nom de magistrat ou monnoyeur, et la tête pour-
rait fort bien être celle du roi Pyrrhus, et selon nous plutôt celle d'Alexandre le-
Grand.

LOCRIDE

Locri-Epicnemidii.

139. ΛΟΚΡΩΝ. Tête de Pallas à gauche. Ŗ. Pégase courant à gauche; dessous, foudre; pièce achéïenne; fleur de coin de la Ligue. AR⁶.

Locri-Opuntii.

140. Tête de Cérès couronnée d'épis à gauche. Ŗ. ΟΠΟΝΤΙΩΝ. Ajax orné de son glaive et de son bouclier allant à droite. A ses pieds, deux javelots; très-belle pièce. (Mionnet, n° 17, variée). AR⁶.

141. Autre variété de la même pièce; dans le champ, devant l'Ajax, une grappe de raisin; médaille d'un travail artistique très-remarquable et d'une conservation hors ligne. AR⁶ 1/2.

PHOCIDE

142. ΟΦ. Tête de bœuf de face. Ŗ. Partie antérieure d'un sanglier dans un carré creux. (Mionnet, Supp., n° 4.) AR¹.

BEOTIE (in genere)

143. Bouclier béotien. Ŗ. Diota dans un carré creux. (Mionnet, n° 10). AR³.

Thèbes.

144. Même type. ΘE accostant le diota. (Id. n° 99, variété.) AR⁶.

145. Tête d'Hercule jeune à gauche. Ŗ. ΟΛΥΜ. Arc et massue. (Id., Supp., n° 173). Æ .

ATTIQUE

Athènes.

146. Tête casquée de Pallas, casque uni, l'œil de face. R̵. ΑΘΕ. Chouette presque de face au milieu d'un petit carré creux très-profond; très-belle pièce parfaitement complète de la plus grande rareté; le style en est très-remarquable et la fabrique paraît remonter au temps de Solon; poids, 17 gr. 1 décig. AR⁶ 1/2.

147. Même médaille, casque orné de palmettes et de laurier; fabrique plus récente. (Mionnet, n° 21.) AR⁶.

148. Même médaille, drachme. (Id., n° 23.) AR³.

149. Tête de Pallas à droite, casque orné d'un griffon et d'un quadrige. R̵. ΑΘΕ ΚΑΛΛΙΚΡ ΕΠΙΓΕΝΗ. ΣΟΣΑΝΡΟΔ. Chouette sur un diota renversé; dans le champ, aigle; très-belle pièce. (Id., n° 126.) AR⁸.

Aegina (Insula).

150 Tortue de terre. R̵. Carré creux divisé en cinq parties; dans une des divisions, deux globules. (Mionnet, n° 29.) AR⁴.

151. AI. Même tortue. R̵. NI. Même carré divisé. (Id., n° 34, variété.) AR¹ 1/2.

Salamis.

152. Tête de Femme à droite. R̵. ΣΑΛΑ. Bouclier Béotien. (Id., n° 41.) Æ³.

ACHAIE

Corinthe.

153. Tête casquée de Pallas à droite (d'un style tout à fait archaïque) dans un carré creux. R̵. Pégase courant à gauche; pièce très-épaisse. AR⁴.

154. Tête casquée de Pallas, à gauche; derrière, Jupiter assis à droite. R. Q. Pégase au galop, à gauche; très-belle pièce. AR[5].

155. Même tête; devant, *acrostalium?* R. Q. Pégase au galop, à droite; médaille également très-belle. AR[5].

156. AΓ. Tête de femme à gauche, tous les cheveux enveloppés; coiffure très-élégante. R. Q. Pégase courant à gauche. AR[3].

Sicyon.

157. Tête laurée d'Apollon à droite. R. Σ. Colombe volant à gauche; au-dessus, le nom du magistrat ΜΙΝΓΑΣ. (Id., Supp., n° 1101.) Æ[4].

ELIDE (IN GENERE)

158. Aigle à droite dévorant un lièvre. R. FA. Foudre ailé; le tout au milieu d'une couronne; poids, 12 grammes; très-rare et magnifique pièce d'une conservation irréprochable. AR[6].

159. Aigle à gauche dévorant un bélier; le tout placé sur un bouclier rond. R. FA. Foudre ailé, les lettres FA contre-marquées; autre très-rare et magnifique médaille du même poids. AR[6].

LACONIE

Lacédémone.

160. Tête barbue et diadémée d'Hercule, à droite. R. ΛΛ. Vase à deux anses entre les bonnets des dioscures. AR[2].

ARGOLIDE

Argos.

161. Partie antérieure d'un loup, à droite. R̶. A et palme autour ;
ΔΑΜΟΣΘΕ ; le tout dans un carré creux ; très-belle pièce.
AR².

ARCADIE

Mégalopolis.

162. Tête laurée de Jupiter à gauche. R̶. ΜΕΓ. Pan assis à gauche
sur un rocher ; dans le champ, un aigle et deux monogrammes. AR³.

CRÉTE

Argos.

163. Tête de femme, Junon ? à droite, avec un large diadème orné
de palmettes, etc. R̶. ΑΡΓΕΙΩΝ. Loup allant à gauche entre
deux dauphins ; magnifique médaille d'une grande rareté ;
poids, 12 gr. 6 décig. AR⁶ 1/2.

Chersonesus.

164. Tête laurée de Diane à droite. R̶. ΧΕΡΣΟΝΑΣ.... Apollon,
nu, assis à droite sur la cortine, tenant de la main droite le
pleetrum ; la gauche sur la lyre ; dans le champ, un trident ;
très-rare et très-belle médaille ; poids, 11 grammes 3 décig.
(Mionnet, n° 46.) AR⁶.

Lyttus.

165. Tête de Jupiter à droite. R̶. ΑΥΤΤΙ. Aigle sur un foudre,
à droite. (Id., n° 240.) Æ⁴.

EUBÉE

Charistus.

166. Tête barbue d'Hercule, à droite. R. XA. Bœuf couché à gauche; rare et très-belle pièce. (Id., n° 12, variée.) AR³.

Eretria.

167. Tête de Cérès à gauche. R. ΦΕΝΙΚΟΝ. Bœuf à droite; dessous, Γ. AR⁴.

Histiaea.

168. Tête de Bacchante couronnée de vigne, à droite. R. ΙΣΤΙΑ-ΙΕΩΝ. Femme assise à droite sur une proue de vaisseau. AR³.

PONT

Amisus.

169. Tête de Bacchus à droite. R. ΑΜΙΣΟΥ. Ciste, Massue, etc.; fleur de coin. Æ 1/2.

Mithridates VI, roi (123 à 64 avant J.-C.).

170. Tête diadémée du roi, à droite. R. ΒΑΣΙΛΕΩΣ ΜΙΘΡΙΔΑΤΟΥ ΕΥΠΑΤΟΝΟΣ. Cerf paissant à gauche; devant, étoile et croissant; derrière, monogramme et la date ΓΚΕ (223); poids 16 grammes 5 décig.; magnifique pièce d'un très-beau style. (Mionnet, n° 12, variété.) AR⁹.

BITHYNIE

Nicomèdes II (149 à 93 avant J.-C.).

171. Tête diadémée du roi à droite. R. ΒΑΣΙΛΕΩΣ ΕΠΙΦΑΝΟΥΣ ΝΙΚΟΜΗΔΟΥ. Jupiter debout à gauche tenant de la main droite une couronne; la gauche sur la haste; devant lui, aigle; monogramme et ΓΠΡ (an 183). (Mionnet, Supp., n° 16.) AR⁸.

MYSIE

Cyzique.

172. Figure à moitié nue, assise sur un thon à gauche, tenant un vase? de la main droite, le coude gauche appuyé sur un autre vase. R̸. Carré creux divisé en quatre parties; poids, 16 grammes; très-rare. (Mionnet, Supp., n° 121, variété. OR⁴.

173. Tête de lion à droite; au-dessus, une mouche. R̸. Carré creux long divisé en deux parties. 1/2 statère. OR².

Parium.

174. ΠΑΡΙ. Bœuf à gauche se retournant; dessous, une branche de laurier. R̸. Tête de Méduse de face. AR³.

Pergame.

175. Ciste entr'ouverte d'où s'élancent deux serpents; le tout dans une couronne de pampres. R̸. ΠΕ. Deux serpents enlacés autour d'un carquois; dans le champ, thyrse KT et ΠΥΡ? en monogramme; fleur de coin. (Mionnet, n° 475.) AR⁷.

ROIS DE PERGAME

Philétaire (284 à 263 avant J.-C.).

176. Tête laurée du roi à droite. R̸. ΦΙΛΕΤΑΙΡΟΥ. Pallas assise à gauche, le coude gauche appuyé sur son bouclier, tenant de la main droite une couronne; dans le champ, arc, foudre et abeille; très-belle médaille. AR⁸.

Attale Iᵉʳ (241 à 197 avant J.-C.).

177. Type de la pièce précédente; dans le champ du revers, A, feuille de lierre et arc; deux très-belles pièces. AR⁸.

TROADE

Abydos.

178. Tête imberbe cornue à droite. R̨. Aigle à droite se retournant au milieu d'un carré indiqué par quatre lignes; poids, 2 grammes 5 décig. Très-belle pièce. (Mionnet, Supp., n° 4.) EL¹.

Berytis.

179. Tête d'Ulysse coiffée du Pyléus à gauche. R̨. BYPI. Massue; le tout dans une couronne. (Mionnet, Supp., n° 361.) Æ¹ 1/2.

Sige.

180. Tête casquée de Pallas de face. R̨. ΣIΓE. Chouette à droite; derrière, un croissant. (Mionnet, n° 261.) Æ⁴.

ÉOLIDE

Cyme.

181. Tête jeune imberbe ceinte d'un lien à droite. R̨. KYMAIΩN MHTPOΦANHΣ. Cheval au pas à droite; dessous, un vase à une anse; le tout dans une couronne de laurier; très-belle pièce d'un très-beau travail. (Mionnet, Supp., n° 17.) AR⁸.

IONIE

Éphèse.

182. AYTOK NEPBAC TPAIANOC KAICAP. Tête laurée de Trajan à droite. R̨. EΦECIΩN. Cerf debout à gauche; pièce fleur de coin avec très-belle patine rouge. (Mionnet, Supp., n° 376.) Æ⁵.

Erythrée.

183. Tête d'Hercule jeune à droite. ℞. ΕΡΥ. ΦΙΛΟΚΡΑΤΗΣ. ΕΥΠΟΛΥΔΟΣ. Arc, carquois et massue; en bas, une tête humaine de face. Æ⁵.

184. ΕΡΥ. Tête laurée d'Auguste, à droite. ℞. ΜΗΤΡΩΝΑ ΖΩΠΥΡΟΥ en quatre lignes dans le champ. Æ² 1/2.

Magnesia.

185. Cavalier armé au galop, à droite. ℞. ΜΑΓΝ. ΑΠΟΛΛΟΔΩΡΟΣ. Bison cornupète à gauche. (Mionnet, n° 601, variété.) AR².

Smyrne ?

186. Tête laurée d'Esculape à droite. ℞. Buste ailé de la Victoire à droite, au milieu d'un carré indiqué par quatre lignes ; dans le champ, en haut, deux étoiles; poids, 2 grammes 6 décigr. Médaille de la plus grande rareté; fleur de coin. (Mionnet, tome VI, page 625, n° 86. EL¹ 1/2.

Chios Insula.

187. Sphinx à droite; devant diota. ℞. ΧΙΟΣ.ΚΥΛΛΑΝΟ.Diota dans le champ, une torche. (Id., n° 60.) Æ⁴.

188. Autre avec ΦΟΙΝΙΞ. ΧΙΟΣ. (Id., n° 87.) Æ⁴.

CARIE (ILES)

189. ΧΙΩΝ. Sphynx à gauche, le pied posé sur un diota. Æ. ΟΜΗΡΟΣ. Homère assis à droite, tenant un volume roulé Très-rare. (Id., n° 91). Æ⁴.

Calymna.

190. Tête imberbe casquée à droite. ℞. ΚΑΥΜΝΙΩΔΝ. Lyre; le tout au milieu d'un carré indiqué par quatre lignes; très-belle médaille. (Id., n° 4.) AR⁴.

Rhodes.

191. Tête radiée du soleil de face. R̵. PO. MAPIΩN. Fleur du balaustium ; poids, 4 grammes 3 décigr.; magnifique médaille, mais trouée. (Mionnet. Supp., n° 158.) OR[3].

192. Même tête. R̵. POΔION. Même fleur ; dans le champ, EY et harpa. (Id., n° 148, variété.) AR[5].

193. Même tête. R̵. PO. ΛΥΣIMAXOΥ. Même fleur ; dans le champ, Pallas debout ; très-belle pièce inédite. AR[6]

ROIS DE CARIE

Hécatomnus ? (381 à 372 avant J.-C.)

194. EKA. Tête de lion à droite. R̵. Fleur ouverte au milieu d'un carré creux ; poids, 4 grammes 2 décig.; fleur de coin. AR[2] 1/2.

Nicias, tyran de Cos.

195. Légende effacée, tête nue de Nicias à droite. R̵. KΩIΩN EΥKAPΠOΣ. Tête barbue d'Esculape à droite ; très-rare et très-belle médaille. (Mionnet, Supp., n° 113.) Æ[9].

PAMPHYLIE

Perga.

196. AΥ. K. M. IOΥΛIOC ΦIΛIΠΠOC. Buste lauré de Philippe père à droite devant I. R̵. ΠEPΓAIΩN. Grande urne des jeux placée sur une table sur le rebord de laquelle on lit ACΥ-ΛIA ; très-belle pièce trouée. Inédite. Æ[11].

Side.

197. Tête de Pallas à droite. R̵. ΔE, le Δ barré. Victoire debout à gauche tenant une couronne. AR[8].

CILICIE

Celenderis.

198. Homme nu assis sur un cheval courant à gauche. ℞. KEΛ. Bouc se couchant à gauche; dessous, Λ; très-belle pièce. (Mionnet, n° 155). AR⁴.

SATRAPES DE LA CILICIE

Datames.

199. Tête de femme de face. ℞. Légende phénicienne. Tête barbue et casquée à droite. Duc de Luynes, planche II, n° 10; magnifique médaille, une des plus belles connues. AR⁵.

Satrape incertain de Tarse.

200. Légende phénicienne. Lion dévorant un cerf à gauche. ℞. Légende phénicienne. Baal-Tars demi-nu assis à gauche tenant de la main droite un épi et une grappe de raisin; sous le siége, une croix ansée; très-belle pièce, variété des médailles publiées par le duc de Luynes, planche VIII, n°ˢ 3, 4, 5 et 6. AR⁶.

201. Tête de femme à droite ceinte d'un bandeau avec collier et boucles d'oreilles. ℞. Tête du n° 199. Inédite; très-belle pièce. AR¹.

CHYPRE

202. Partie antérieure d'un lion; à gauche, O sur l'épaule. ℞. Carré creux divisé en deux parties; pièce très-épaisse. AR⁴.

Roi incertain ?

203. Tête de Pallas à gauche. R̞. Tête tourelée de femme à droite. OR[1].

LYDIE

Blaundus.

204. M. OTAK CEBHPA CE. Buste d'Otacilie à droite. R̞. ΕΠ ΑΥΡ ΓΑΥΚΩΝΟC Γ. ΝΙΓΡ ΑΡΧ Α ΒΛΑΥΝΔΕΩΝ. MAK. Amazone à cheval allant à droite ; très-belle médaille inédite. Æ[9].

Themenothyræ.

205. ΑΥ. ΚΑ. ΠΟ. ΛΙ. ΟΥΑΛΕΡΙΑΝΟC ΑΥ. ΚΑ. ΠΟ. ΛΙΚΙ. ΓΑΛΛΙΕ-ΝΟC. Bustes affrontés de Valérien père et de Gallien. R̞. ΚΛΕ-ΟΒΟΥΛΟC ΤΗΜΕΝΟΘΥΡΕΙCΙΝ. Les deux empereurs debout sacrifiant sur un autel ; au milieu, une Victoire les couronne ; très-rare et beau médaillon. (Mionnet, n° 849.) Æ[12].

PHRYGIE

Laodicée et Ephèse.

206. ΔΗΜΟC. Buste du peuple à droite. R̞. ΛΑΟΔΙΚΕΩΝ. ΕΦΕ-CΙΩΝ. ΟΜΟΝΟΙΑ. Les deux villes debout appuyées sur de longs sceptres et se donnant la main ; pièce très-rare et très-belle. (Mionnet, Supp., n° 437.) Æ[9].

SYRIE

Seleucus Ier (312 à 281 avant J.-C.).

207. Tête d'Hercule jeune à droite. R̞. ΒΑΣΙΛΕΩΣ ΣΕΛΕΥΚΟΥ. Jupiter aetophore assis à gauche ; devant, NK en monogramme dans un cercle ; sous le siége, AN, également en monogramme. AR[8].

Antiochus Ier Soter (281 à 262 avant J.-C.).

208. Tête diadémée du roi à droite. ℞. ΒΑΣΙΛΕΟΣ ΑΝΤΙΟΧΟΥ. Apollon assis à gauche sur la cortine; dans le champ, devant, AP; derrière, PH; très-belle pièce. AR⁸.

209. Tête laurée d'Apollon à droite. ℞. Même légende, trépied; dessous, une ancre; dans le champ ΔΗ. et ΟΔ en monogramme; magnifique pièce irréprochable. Æ⁴.

Antiochus II (261 à 247 avant J.-C.).

210. Tête jeune diadémée à droite d'Antiochus II ? ℞ ΒΑΣΙΛΕΩΣ ΑΝΤΙΟΧΟΥ. Apollon assis à gauche sur la cortine qui est surmontée d'une ancre; à l'exergue ΔΙ; médaille rare et de la plus grande beauté. AR⁸.

L'expression de la bouche et la forme du nez ont sans donte engagé quantité de Numismatistes à attribuer cette Médaille à Antiochus III. Mais plusieurs de ces pièces figuraient dans la trouvaille d'Amasia; elles étaient beaucoup plus usées que celles représentant les têtes jeunes d'Antiochus III. et elles étaient mieux conser-vées que celles d'Antiochus Ier à la tête vieille. Nous avons pu faire les mêmes ob ervations sur une autre trouvaille qui nous a été adressée de Smyrne.

Seleucus II Callinicus (247 à 226 avant J.-C.).

211. Buste diadémé avec favoris de Seleucus II à droite. ℞. ΒΑΣΙ-ΛΕΩΣ ΣΕΛΕΥΚΟΥ. Apollon debout à gauche tenant un trait et appuyé sur un trépied; dans le champ, devant, P; et au-dessus, Ω renversé. AR⁸.

Antiochus Hiérax ? (226 avant J.-C.).

212. Tête jeune imberbe, diadémée et ailée de Hiérax ? à droite. ℞. ΒΑΣΙΛΕΩΣ ΑΝΤΙΟΧΟΥ. Apollon assis à gauche sur la cortine; dans le champ, devant, A.T.I. en monogramme; derrière, ΘΗ; dessous, un cheval paissant à droite; très-rare et très-belle médaille. AR⁹.

Antiochus III magnus (223 à 187 avant J.-C.).

213. Tête diadémée du roi à droite dans un cercle formé de grains d'olivier? ℞. ΒΑΣΙΛΕΩΣ ΑΝΤΙΟΧΟΥ. Apollon assis à gauche sur la cortine; dans le champ, Ω renversé et placé au-dessus du P comme au règne D. Selencus II. AR⁸.

Antiochus IV. Deus Epiphanes (176 à 164 avant J.-C.).

214. Tête diadémée du roi à droite, même cercle. ℞. ΒΑΣΙΛΕΩΣ ΑΝΤΙΟΧΟΥ ΘΕΟΥ ΕΠΙΦΑΝΟΥΣ ΝΙΚΗΦΟΡΟΥ. Jupiter assis à gauche tenant la Victoire et un sceptre; devant, Π. I. en monogramme; très-belle pièce. AR⁸.

Demetrius Iᵉʳ Soter (162 à 151 avant J.-C.).

215. Tête diadémée du roi à droite au milieu d'une couronne. ℞. ΒΑΣΙΛΕΩΣ ΔΗΜΗΤΡΙΟΥ. Femme à moitié nue assise à gauche tenant un rouleau et une corne d'abondance; devant, ΠΙ en monogramme; très-belle médaille. AR⁹.

Alexandre Iᵉʳ Bala (151 à 146 avant J.-C.).

216. Tête diadémée de Bala à droite, cercle du n° 213. ℞. ΒΑΣΙΛΕΩΣ ΑΛΕΞΑΝΔΡΟΥ ΘΕΟΠΑΤΟΡΟΣ ΕΥΕΡΓΕΤΟΥ. Jupiter assis à gauche tenant la Victoire et un sceptre. AR⁸.

217. Même tête entourée d'un grènetis. ℞. ΑΛΕΣΑΝΔΡΟΥ ΒΑΣΙΛΕΩΣ. Aigle sur une palme à gauche; devant, ΑΙΟ en monogramme et la date ΡΞΓ (an 163) derrière un trident; rare et très-belle pièce frappée à Sidon. (Mionnet, n° 486.). AR⁷.

Demetrius II Nicanor (146 à 126 avant J.-C.).

218. Buste imberbe de roi à droite. ℞. ΔΗΜΗΤΡΙΟΥ ΒΑΣΙΛΕΩΣ. Aigle sur un gouvernail à gauche; devant, ΑΡΕ et le monogramme de Tyr au-dessus d'une massue; derrière, ΑΕΥ et la date ΡΠΕ (an 185); médaille fleur de coin. AR⁷.

219. Tête barbue et diadémée du roi à droite. ℞. ΒΑΣΙΛΕΩΣ ΔΗΜΗΤΡΙΟΥ ΘΕΟΥ. ΝΙΚΑΤΟΡΟΣ. Jupiter assis à gauche tenant un sceptre et la Victoire; sous le siége, ΜΙ en monogramme; à l'exergue, ΠΩΙ en monogramme et la date ΡΠΕ (en 185); très-belle pièce. AR⁸.

(Régence de Tryphon), **Antiochus VI** Epiphanes Dionysus
(145 à 143 avant J.-C.).

220. Tête jeune radiée de roi à droite. R̨. ΒΑΣΙΛΕΩΣ ΑΝΤΙΟΧΟΥ
ΕΠΙΦΑΝΟΥΣ ΔΙΟΝΥΣΟΥ. Les Dioscures au galop à gauche;
dans le champ, TPY. ΠΑ en monogramme et la date OP
(an 170); le tout dans une couronne; très-belle et très-rare
pièce. AR[9].

Antiochus VII Evergète (138 à 127 avant J.-C.).

221. Tête diadémée d'Antiochus VII à droite. R̨. ΒΑΣΙΛΕΩΣ
ΑΝΤΙΟΧΟΥ ΕΥΕΡΓΕΤΟΥ. Pallas debout à gauche tenant la
Victoire, une haste et un bouclier; dans le champ, devant,
ΔΙ. A. T; derrière, A; le tout dans une couronne de lauriers;
deux très-belles pièces. AR[7].

222. Même tête d'un autre caractère. R̨. Le même, devant le
Pallas ATP. et ZOI. en monogramme; très-belle médaille.
AR[7].

223. Buste diadémé à droite. R̨. ΑΝΤΙΟΧΟΥ ΒΑΣΙΛΕΩΣ. Aigle
à gauche sur un gouvernail; dans le champ, le monogramme de Tyr au-dessus d'une massue. APE et ΑΣΥ, la
date POS (an 176); dans les jambes de l'aigle, HP en monogramme; très-belle pièce. AR[7].

Alexandre II Zebina (159 à 113 avant J.-C.).

224. Tête diadémée de Zebina à droite. R̨. ΒΑΣΙΛΕΩΣ ΑΛΕΞΑΝ-
ΔΡΟΥ. Jupiter assis à gauche tenant un sceptre et la Victoire; dans le champ, devant, XPΔ en monogramme; B sous
le siége. AR[7].

Cléopâtre et Antiochus VIII (125 à 123 avant J.-C.).

225. Têtes accolées de Cléopâtre et d'Antiochus VIII à droite,
l'une voilée, l'autre diadémée; R̨. ΒΑΣΙΛΙΣΣΗΣ ΚΛΕΟΠΑ-
ΤΡΑΣ ΘΕΑΣ ΚΑΙ ΒΑΣΙΛΕΩΣ ΑΝΤΙΟΧΟΥ. Jupiter assis à
gauche tenant une Victoire et un sceptre; dans le champ,
devant, EY en monogramme; très-belle pièce. AR[8].

Antiochus VIII Grypus (123 à 97 avant J.C.).

226. Tête diadémée du roi à droite. R̥. ΒΑΣΙΛΕΩΣ ΑΝΤΙΟΧΟΥ ΕΠΙΦΑΝΟΥΣ. Tombeau de Sardanapale; dans le champ, ΦΑΥ en monogramme, et un autre monogramme rogné; très-rare et superbe médaille, la tête d'un très-beau style. AR⁹.

227. Même tête. R̥. Même légende. Jupiter à moitié nu, debout à gauche, tenant une étoile et un sceptre; dans le champ, ΙΓ. ΙΕ et Α; le tout dans une couronne; magnifique pièce. AR⁹ ¹/².

Antiochus IX Cyricenus (113 à 96 avant J.-C.).

228 Tête imberbe diadémée du roi à droite. R̥. ΒΑΣΙΛΕΩΣ ΑΝΤΙΟΧΟΥ ΦΙΛΟΠΑΤΟΡΟΣ. Jupiter Nicéphore assis à gauche; dans le champ, ΙΣ Λ. et Α; le tout dans une couronne; très-belle pièce. AR⁷.

Seleucus VI Epiphanes Nicanor (97 à 95 avant J.-C.).

229. Tête diadémée du roi à droite. R̥. ΒΑΣΙΛΕΩΣ ΣΕΛΕΥΚΟΥ ΕΠΙΦΑΝΟΥΣ ΝΙΚΑΤΟΡ. Jupiter Nicéphore assis à gauche; le tout dans une couronne; médaille très-rare et fleur de coin. AR⁷.

Antiochus XI Epiphanes Philadelphe (96 avant J.-C.).

230. Tête diadémée du roi à droite. R̥. ΒΑΣΙΛΕΩΣ ΑΝΤΙΟΧΟΥ ΕΠΙΦΑΝΟΥΣ. Jupiter Nicéphore assis à gauche; dans le champ, Ρ. Ξ. Α; sous le siège, ΔΙΡ en monogramme; le tout dans une couronne; très-belle médaille. AR⁸.

Philippe (an 25 avant J.-C.).

231. Tête diadémée du roi à droite. R̥. ΒΑΣΙΛΕΩΣ ΦΙΛΙΠΠΟΥ ΕΠΙΦΑΝΟΥΣ ΦΙΛΑΔΕΛΦΟΥ. Jupiter Nicéphore assis à gauche; le tout au milieu d'une couronne; très-belle pièce. AR⁷.

Tigranes (83 à 66 avant J.-C.).

232. Buste de Tigranes à droite avec une tiare ornée d'une étoile entre deux aigles. ℞. ΒΑΣΙΛΕΩΣ ΤΙΓΡΑΝΟΥ. Femme tourelée assise à droite tenant une palme; à ses pieds un fleuve nageant; dans le champ, Θ et ΗΥ en monogramme; le tout au milieu d'une couronne; très-rare et magnifique pièce. AR⁷.

SÉLEUCIDE

Seleucia.

233. Buste voilé et tourelé de femme à droite. ℞. ΣΕΛΕΥΚΕΩΝ. ΤΗΣ. ΙΕΡΑΣ. ΚΑΙ ΑΥΤΟΝΟΜΟΥ. Foudre placé sur une table; dessous, la date S (an 6); le tout au milieu d'une couronne; très-rare et superbe pièce parfaitement complète. AR¹⁰.

PHÉNICIE

Tripolis.

234. ΑΥ. Κ. Μ. ΑΥ. ΑΝΤΟΝΙΝΟC CΕΒΑ. Buste lauré et drapé de Caracalla à droite. ℞. ΤΡΙΠΟ...., les dioscures debout près de leurs chevaux; au fond, un petit temple avec le buste d'Astarté; au bas, la date ΦΚΓ (an 523). Æ⁷.

Satrape incertain de Phénicie.

235. Tête d'Hercule jeune à droite. ℞. Lion à droite dévorant un cerf; rare et très-belle pièce. OR¹.

IUDÉE

Jaddous (Pontife sous Alexandre).

236. *Jérusalem la sainte* en caractères samaritains; Verge fleurie d'Aaron. ℞. *Cycle d'Israël*, mêmes caractères, vase sans anse en forme de coupe; au-dessus, *l'an* 2. (De Saulcy, planche I, figure 3.) AR⁶ ¹ᐟ².

Hérodes Archélaüs (an 4 avant J.-C., an 6 de J.-C.).

237. HPOΔOY. Branche de vigne avec une grappe. ℞. EΘNAP-
XOY. Casque de face à double aigrette. (Id., planche IV,
n° 7.) Æ³.

Valerius Gratus, procurateur sous Tibère.

238. TIB. KAI. CAP. en trois lignes dans une couronne.
℞. IOΛIA. Palme; au bas, LE (an 3). Æ³.

MÉSOPOTAMIE

Nisibi.

239. AYTOK. K. M. ANT ΓOPΔIANON. CAB. TPANKYΛΛEINAN.
Têtes affrontées de Gordien III et de Tranquilline. ℞. CEΠ
KOΛO NECIBI MHTPO. La Province tourelée assise à gauche;
à ses pieds, le *Mygdonius*. (Mionnet, n° 174.) Æ⁹.

ROIS DE PERSE

240. Roi à droite, un genou en terre, tenant un arc et un javelot.
℞. Aire en creux oblongue et informe. OR⁴.

241. Même médaille. AR³.

242. Tête barbue et laurée à droite. ℞. Date rognée. Proue de
navire; pièce très-épaisse. AR⁴.

243. Dagon ichthyomorphe à droite tenant un poisson. ℞. Galère
armée; au-dessous, un hippocampe. AR² ¹/².

ROIS PARTHES

Mithridates Iᵉʳ (170 à 140 avant J.-C.).

244. Buste diadémé de Mithridates à gauche. ℞. MEΓAΛOY APΣA-
KOY EΠIΦANOYΣ. BAΣIΛEΩΣ. Le roi assis à droite tenant
un arc; très-belle pièce. AR⁴.

Tiridates II (28 à 21 avant J.-C.).

245. Tête barbue et diadémée du roi à gauche; derrière, un aigle tenant une couronne dans son bec. R. ΒΑΣΙΛΕΩΣ ΒΑΣΙΛΕΩΝ ΑΡΣΑΚΟΥ ΕΥΕΡΓΕΤΟΥ, etc.; le roi assis à droite. AR⁴.

Vologèse IV (189 à 148 avant J.-C.).

246. Buste du roi à gauche avec tiare à oreillons. R. *Vologèse Malca,* etc., en légende araméenne; le roi assis à droite. AR⁴.

ROIS DE LA BACTRIANE

Euthydème (220 à 196 avant J.-C.).

247. Tête diadémée du roi à droite. R. ΒΑΣΙΛΕΩΣ ΕΥΘΥΔΗΜΟΥ. Hercule nu assis à gauche sur un rocher; très-belle pièce AR⁷ ¹/².

Ménandre (161 à 140 avant J.-C.).

248. ΒΑΣΙΛΕΩΣ ΣΩΤΗΡΟΣ ΜΕΝΑΝΔΡΟΥ. Buste casqué du roi à droite. R. *Mâhlrajasa Tradatasa Menandrâsa* en Bactrien Pallas Thessalienne combattant à gauche. AR³.

249. Même légende. Buste diadémé du roi à gauche lançant un javelot. R. Même légende. Pallas combattant à droite. AR³.

Baraoro (Varahran ?).

250. PO NO ΠΟΡΟ. ΒΟΔΟΟ. ΗΟ. ΚΟΒΟΡΟ. Le roi debout sacrifiant à gauche. R. OKPO. Divinité indienne debout à gauche; près d'elle, le bœuf *Nandi;* très-belle médaille. OR⁵.

ROIS D'ÉGYPTE

Ptolémée Soter (300 à 285 avant J.-C.).

251. Tête diadémée de Soter à droite. ℞. ΒΑΣΙΛΕΩΣ ΠΤΟΛΕ-
ΜΑΙΟΥ. Aigle sur un foudre à gauche; devant, un bouclier
et le monogramme de *Salamine?* Magnifique pièce. OR⁶.

252. Même tête. ℞. Même légende et même type; dans le champ,
bonnets des dioscures. ΣΑ et LZ (l'an 6); pièce irréprochable,
fleur de coin. AR⁷.

253. Tête de Jupiter laurée à droite. ℞. Même légende et même
aigle; dans le champ, bouclier; très-belle médaille, patinée.
Æ⁷.

Ptolémée Soter, Berenice, Philadelphe et Arsinoë.

254. ΘΕΩΥ. Bustes accolés de Soter et de Bérénice à droite;
derrière, un fer de lance. ℞. ΑΔΕΛΦΩΝ. Bustes accolés de
Philadelphe et d'Arsinoë; derrière, ΑΡ en monogramme;
très-belle pièce d'un très-grand module frappée à Aradus.
OR⁸.

Arsinoë (femme de Philadelphe).

255. Tête voilée et diadémée d'Arsinoë à droite, sans lettres ni
symboles. ℞. ΑΡΣΙΝΟΗΣ ΦΙΛΑΔΕΛΦΟΥ. Double corne
d'abondance entourée d'un diadème; très-belle pièce d'une
fabrique remarquable. OR⁷.

Ptolémée III Evergètes Iᵉʳ (246 à 221 avant J.-C.).

256. Buste radié et diadémé du roi à droite, la poitrine couverte
de la chlamyde, un trident sur l'épaule. ℞. ΠΤΟΛΕΜΑΙΟΥ
ΒΑΣΙΛΕΩΣ. Corne d'abondance radiée et ornée d'un diadème; en bas, ΔΙ; médaille d'une rare beauté. OR⁶ ¹/².

Ptolémée V Epiphane (204 à 181 avant J.-C.).

257. Buste très-jeune et diadémé du roi à droite. R. ΠΤΟΛΕ-
ΜΑΙΟΥ ΒΑΣΙΛΕΩΣ. Aigle sur un foudre à gauche; dans le
champ, devant, ΔΙΩΝ; très-belle pièce. AR⁷.

Alexandrie.

258. ΤΙΒΕΡΙΟΥ ΚΑΙΣΑΡ, etc. Tête de Tibère laurée à gauche;
devant, L K (an 20). R. ΘΕΟΣ ΣΕΒΑΣΤΟΣ. Tête radiée
d'Auguste à droite. POT⁷.

Arsinoïtes (Nom de l'Eptanomide).

259. ΑΥΤ ΚΑΙ ΑΔΡΙΑΝΟC CEB. Tête laurée d'Adrien à droite.
R. ΑΡΣΙΝΟΙ LΙΑ (an 11). Tête voilée d'Isis à droite; très-
belle pièce. Æ⁴.

CYRÉNAIQUE

Cyrène.

260. Tête d'Ammon à droite. R. ΚΥΡΑΝΑ. Silphium; rare et
très-belle pièce. (Muller, n° 127, varieté). AR⁶.

261. Tête d'Ammon à droite. R. ΛΟΛΛΙΟΥ. Chaise curule; belle
médaille d'un très-beau travail. Æ⁹.

ZEUGITANIE

Carthage (1).

262. Tête de déesse de la Sicile ? couronnée de roseaux à gauche,
entourée de quatre dauphins. R. *Am-Machanat* en caractère.
Buste de cheval à gauche; derrière, une palme. (Muller.
n° 13.) Très-belle médaille d'un superbe travail. AR⁷.

(1) Voir à la Sicile, les Médailles classées à Palerme.

263. Même médaille également très-belle d'un autre travail, style africain. AR⁷.

264. Tête d'Hercule jeune à droite. R. Même légende, buste de cheval à gauche; derrière, une palme; devant, un osselet. (Variété inédite.) Très-belle pièce. AR⁶.

SYRTIQUE

Oea.

265. TI CAESAR AVGVSTVS. Tête nue de Tibère à gauche. R. Légende africaine. Buste d'Apollon à droite; devant, une lyre. (Muller, n° 35.) Æ⁸.

NUMIDIE

Hiempsal II (106 à 60 avant J.-C.).

266. Tête virile imberbe, couronnée d'épis à droite. R. Deux caractères africains. Cheval au galop à droite. (Id., n° 47). AR⁸.

Juba Iᵉʳ (60 à 47 avant J.-C.).

267. REX IVBA. Buste barbue et diadémé du roi à droite. R. Légende africaine. Temple à huit colonnes. (Id., n° 50.) AR⁴.

ROMAINES

I° FAMILLES CONSULAIRES

NOTA. Tous les numéros cités à la suite de chacune des médailles sont ceux des planches de l'ouvrage de Cohen.

268. **Aburia.** GEM. Tête de Pallas à droite. ℞. MABVRI ROMA. Le Soleil dans un quadrige au galop, à droite. (Cohen, n° 1). AR.

269. **Accoleïa.** P. ACCOLEIVS. LARISCOLVS. Buste de Climène à droite. ℞. Climène et les deux sœurs de Phaéton debout de face (n° 1). AR.

270. **Acilia.** SALVTIS. Tête de la santé à droite. ℞. MAN. ACILIVS III VIR. VALETV. Hygiée debout, à gauche, appuyée sur une colonne (n° 3). AR.

271. **Aelia.** BALA. Tête de Junon lucine à droite. R. C. ALLI. Diane dans un bige de cerfs à droite (n° 3). AR.

272. **Aemilia.** SCAVR AED CVR. Aretas à genoux près d'un chameau. ℞. P. HYPSAEVS, etc. Jupiter dans un quadrige au galop à gauche (n° 1). AR.

273. — Tête de Vénus à droite. ℞. M. LEPIDVS. Statue équestre à droite (n° 4). AR.

274. — Tête voilée de Vestale à droite. ℞. M. LEPIDVS AIMILIA. REP. S. C. Basilique émilienne. (n° 8). AR.

275. — PAVLVS LEPIDVS CONCORDIA. Tête voilée de la Concorde à droite. ℞. PVTEAL SCRIBON LIBO. Margelle d'un puits ; au bas, un marteau (n° 10). AR.

276. **Afrania.** Tête de Pallas à droite devant X. ℞. S. AFRA ROMA. Victoire dans un bige au galop, à droite (n° 1). AR.

277. **Alliena.** C. CAESAR COS ITER. Tête de Vénus à droite. ℞. ALLIENVS PRO COS. Trinaire debout à gauche, le pied posé sur une proue ; rare et belle pièce (n° 1). AR.

278. **Annia**. C. ANNI T.F.T.N PRO COS EX. SC. Tête diadémée de Junon *moneta* à droite, entre un caducée et des balances. ℞. L. FABI. L. F. HISP. Victoire dans un quadrige au galop, à droite (n° 1). AR.

279. **Antia**. DEI PENATES. Têtes accolées des dieux Pénates à droite. ℞. C. ANTIVS. Hercule allant à droite, tenant une massue et un trophée (n° 1). AR,

280. **Antonia**. Tête de Jupiter à droite. ℞. P. ANTO BALB. PR. Victoire dans un quadrige au galop, à droite (n° 1). AR.

281. — ANT. AVG. III VIR. Galère avec des rameurs. ℞. LEG. V. Aigle entre deux enseignes (n° 43). AR.

282. — Même type. LEG. VIII (n° 46). AR.

283. — Id., LEG. X (n° 49). AR.

284. **Appuléia**. Tête de Pallas à gauche. ℞. P. SATVRN. Saturne dans un quadrige au galop, à droite (n° 2). AR.

285. **Arria**. M. ARRIVS SECVNDVS. Tête nue et légèrement barbue de Quintus Arrius à droite. ℞. Sans légende haste entre une phalère et une couronne; très-rare médaille irréprochable, fleur de coin (n° 2). AR.

286. **Aufidia**. RVS. Tête de Pallas à droite; derrière, XVI. ℞. AVF. ROMA. Jupiter dans un quadrige au galop, à droite. Très-rare (n° 1). AR.

287. **Aurélia**. Tête de Vulcain à droite. ℞. L. COT. Aigle sur un foudre (n° 7). AR.

288. **Axsia**. NASO. Tête jeune casquée à droite. ℞. L. AXSIVS L. F. Diane dans un bige de cerfs à droite (n° 1). Rare. AR.

289. **Baebia**. Tête de Pallas à gauche. ℞. M. BAEBI Q. F. ROMA. Apollon dans un quadrige au galop, à droite (n° 6). AR.

290. **Caecilia**. L. METEL A. ALB. SF. Tête d'Apollon à droite. ℞. C. MAL. ROMA. Victoire couronnant Rome assise (n° 4). AR.

291. — ROMA. Tête de Pallas à droite. ℞. C. METELLVS. Figure dans un bige d'éléphants allant à gauche; pièce fleur de coin (n° 8). AR.

292. — Q. METEL PIVS. Tête laurée de Neptune à droite. R̟. SCIPIO IMP. Éléphant allant à droite (n° 9). AR.

293. **Caesia**. Buste d'Apollon à gauche. R̟. L. CAESI. Deux figures assises (n° 1). AR.

294. **Calpurnia**. Terme entre une couronne et un vase. R̟. M. PISO M. F. FRVGI. Patère, etc., dans une couronne; rare (n° 22). AR.

295. — CN. PISO PRO Q. Tête barbue du roi Numa à droite, avec son nom écrit sur son diadème. R̟. MAGN. PRO COS. Proue de navire (n° 25). AR.

296 — Tête d'Apollon à droite. R̟. C. PISO. L. FRVGI. Cavalier courant à droite (n° 16). AR.

297. **Cassia**. Tête de Bacchus jeune à droite. R̟. L. CASSI. Q. F Tête de Proserpine à gauche (n° 3). AR.

298. — Tête d'Apollon à droite. R̟. Q. CASSIVS. Aigle sur un foudre à droite, entre le lituus et le præfericulum (n° 6). AR.

299. — Q. CASSIVS LIBERT. Tête de la Liberté à droite. R̟. Temple de Vesta (n° 7). AR.

300. — M. AQVINIVS LEG. LIBERTAS. Tête diadémée de la Liberté à droite. R̟. C. CASSI IMP. Trépied; très-rare (n° 10). OR.

301. — Même tête. R̟. C. CASSI PRO. COS. Trépied; très-rare et très-belle pièce (n° 11). OR.

302 — Tête radiée du Soleil, derrière I. R̟. P. CLODIVS M. F. Croissant entre cinq étoiles (n° 7). OR.

302 bis. **Claudia**. C. CLODIAS C. F. Tête de Flore. R̟. VESTALIS. Vesta assise à gauche (n° 5). AR.

303. **Coelia**. Tête de Pallas à gauche. R̟. CALD. Victoire dans un bige au galop, à gauche (n° 3). AR.

304. — C. COEL CALDVS COS. Tête de Caldus à droite. R̟. CALDVS III VIR. Tête de Soleil à droite; très-belle pièce (n° 4). AR.

305. **Considia**. C. CONSIDI NONIANI S. C. Tête de Vénus Ericine à droite. R̟. Temple sur le sommet d'une montagne entourée de fortifications (n° 1). AR.

306. **Coponia.** Q. SICINIVS III VIR. Tête d'Apollon à droite. R̦.
C. COPONI PR. S. C. Massue couverte d'une peau de lion (n° 1).
AR. 2 p.

307. **Cornelia.** Triquetra à tête de Méduse. R̦. LENT. MAR. COS.
Jupiter debout à droite (n° 13). AR.

308. — L. LENT. C. MARC COS. Tête laurée de Jupiter jeune à droite.
R̦. Le Jupiter précédent, devant lui un autel (n° 14). AR.

309. — FAVSTVS. Buste de Diane à droite. R̦. FELIX. Sylla assis sur
une estrade; au bas, Bacchus et Jugurtha agenouillés (n° 24).
AR.

310. **Cossutia.** SABVLA. Tête de Méduse à gauche. R̦. F. COSSVTI
C. F. Bellérophon sur Pégase à droite (n° 1). AR.

311. **Crepereia.** Buste de Vénus Anadiomène? à droite. R̦. Q.
CREPEREI ROCVS. Neptune dans un bige d'hippocampes, à
droite (n° 1). AR.

312. **Crepusia.** Tête laurée de Jupiter jeune à droite. R̦. P.
CREPVSI. Cavalier au galop à droite (n° 1). AR.

313. **Curiatia.** TRIGE. Tête de Pallas à droite. R̦. C. CVR.F.
Femme dans un quadrige au galop à droite (n° 2). AR.

314. **Didia.** ROMA. Tête de Rome à droite; dessous, X. R̦. T.
DEIDI. Centurion fouettant un soldat (n° 1). AR.

315. **Domitia.** AHENOBAR. Tête de Domitius Ahenobarbus à
droite. R̦. CN. DOMITIVS. Trophée sur une proue. Fleur de
coin (n° 4). AR.

316. **Egnatia.** MAXSVMVS. Tête de Vénus à droite; derrière,
Cupidon. R̦. C. EGNATIVS. CN. F. Femme dans un bige au pas
à gauche, couronnée par la Victoire; rare et superbe
pièce (n° 1). AR.

317. — MAXSVMVS. Tête de la Liberté; derrière, un bonnet. R̦. C.
EGNATIVS CN. F. CN. N. Rome et Vénus debout; pièce également très-belle (n° 2). AR.

318. **Egnatuleia.** C. EGNATVLEI. C. F. Q. Tête d'Apollon à droite.
R̦. ROMA. Victoire couronnant un trophée (n° 1). AR.

319. **Eppia**. SCIPIO. IMP. Q. METEL. Tête de l'Afrique à droite; devant, un épi. R͟. EPPIVS LEG. Hercule debout, de face, appuyé sur sa massue (n° 1). AR.

320. **Fonteia**. MAN. FONTEI C. F. Tête d'Apollon à droite. R͟. Génie sur un cheval allant à droite (n° 4). AR.

321. — P. FONTEIVS P. F. CAPITO III. VIR. Buste de Mars à droite. R͟. MAN. FONT TR. MIL. Cavalier à droite combattant deux soldats (n° 9). AR.

322. P. FONTEIVS. CAPITO. III. VIR. CONCORDIA. Tête voilée de la Concorde à droite. R͟. T. DIDI. IMP. VII. PVB. Portique (n° 10). AR.

323. **Fufia**. KALENI. Têtes accolées de l'Honneur et de la Vertu à droite. R͟. CORDI. Rome et l'Italie debout se donnant la main (n° 1). AR.

324. **Furia**. BROCCHI. III. VIR. Tête de Cérès à droite. R͟. L. FVRI CN. F. Chaise curule entre deux faisceaux (n° 6). AR.

325. **Herennia**. PIETAS. Tête de la Piété à droite. R͟. M. HERENNI. Un des frères de Catane emportant son père (n° 1). AR.

326. **Hirtia**. C. CÆSAR COS. ITER. Tête de la Piété à droite. R͟. A. HIRTIVS. Hache, simpule, etc. OR.

327. **Hosidia**. GETA III. VIR. Buste de Diane à droite. R͟. C. HOSIDI. C. F. Sanglier percé d'une flèche (n° 1). AR.

328. **Hostilia**. Tête de la Pâleur à droite. R͟. L. HOSTILIVS SASERNA. Diane d'Ephèse debout, de face (n° 3). AR.

329. **Itia**. Tête de Pallas à droite; derrière, X. R͟. L. ITI. ROMA. Les dioscures au galop à droite; rare (n° 1). AR.

330. **Julia**. Tête de Vénus à droite; derrière, F. R͟. EX-S.C. Corne d'abondance; rare (n° 8). AR.

331. — Même tête. R͟. CAESAR. Énée portant Anchise (n° 9). AR.

332. — Même tête. R͟. CAESAR. Trophée gaulois (n° 11). AR.

333. **Junia**. BRVTVS. Tête nue de L. Junius Brutus à droite. R͟. AHALA. Tête d'Ahala à droite (n° 11). AR.

334. — LIBERTAS. Tête de la Liberté à droite. R̵. BRVTVS. Brutus suivi de trois licteurs (n° 12). AR.

335. — Même tête. R̵. Ancre et gouvernail (n° 13). AR. Quinaire.

336. **Licinia.** Tête de Vénus à droite; derrière, S. C. R̵. P. CRASSVS M.F. Chevalier romain debout de face tenant son cheval par la bride (n° 9). AR.

337. — NERVA FIDES. Tête de la Fidélité à droite. R̵. A. LICINI III. VIR. Cavalier au galop à droite, traînant un barbare par les cheveux (n° 7). AR.

338. **Livineia.** Tête nue de Livinius Regulus à droite. R̵. L. LIVINEIVS REGVLVS. Chaise curule; et très-belle pièce (n° 3). AR.

339. **Lollia.** HONORIVS. Tête de l'Honneur à droite. R̵. PALICANVS Chaise curule; rare et très-belle pièce (n° 1). AR.

340. **Lucilia.** PV. Tête de Pallas à droite. R̵. M. LVCILI RVF. Victoire dans un bige au galop à droite (n° 1). AR.

341. **Lucretia.** TRIO. Tête de Pallas à droite. R̵. CN. LVCR. ROMA. Les dioscures au galop à droite (n° 1). AR.

342. — Tête du soleil à droite. R̵. TRIO L. LVCRETI. Croissant et sept étoiles autour. IMP. CAES TRAIAN AVG. GER. DAC. P. P. REST; très-rare (n° 36). AR.

343. **Manlia.** L. MANLI PRO. Q. Tête de Pallas à droite. R̵. L. SVLLA IMP. Sylla dans un quadrige (n° 2). AR.

344. — SIBYLA. Tête de la sibyle de Cume à droite. R̵. L. TORQVAT III. VIR. Trépied (n° 7). AR.

345. **Marcia.** ANCVS. Tête du roi Ancus à droite. R̵. PHILIPPVS. Statue équestre sur un pont (n° 8). Deux pièces. AR.

346. — Tête d'Apollon à droite. R̵. L. CENSOR. Satyre debout à gauche (n° 9). Trois très-belles pièces. AR.

347. **Memmia.** ROMA. Tête de Saturne à gauche. R̵. L. MEMMI GAL. Vénus dans un bige à droite (n° 2). AR.

348. — T. MEMMI C. F. Tête de Cérès à droite. R̵. C. MEMMIVS IMPERATOR. Captif au pied d'un trophée (n° 4). AR.

349. **C. MEMMI. C. F. QVIRINVS.** Tête de Romulus à droite. R̨. MEM-
MIVS AED. CERIALIA FECIT. Cérès assise à gauche (n° 5). AR.
2 très-belles pièces.

350. **Metilia.** Tête de Jupiter à droite. R̨. CROT. Victoire à droite
couronnant un trophée ; très-rare (n° 1). AR.

351. **Naevia.** Tête de Vénus à droite. R̨. C. NAE. BALB. Victoire
dans un trige au galop, à droite (n° 1). AR.

352. **Néria.** NERI. Q. VRB. Tête de Saturne à droite. R̨. L. LENT. C.
MARC COS. Aigle légionnaire entre deux enseignes (n° 1). AR.

353. **Nonia.** SVFENAS. S. C. Tête de Saturne à droite. R̨. SEX. NONI
P. R. L. V. F. F. Rome assise à gauche sur des boucliers ; une
Victoire la couronne.

354. **Norbana.** C. NORBANVS. Tête de Vénus à droite. R̨. Épi,
hache et caducée.

355. **Numonia.** C. NVMONIVS VAALA. Tête nue de Vaala à droite.
R̨. VAALA. Guerrier à gauche attaquant un retranchement ;
très-rare et superbe médaille (n° 2). AR.

356. — Même médaille, moins belle.

357. **Ogulnia.** Tête d'Apollon à droite. R̨. OGVL. GAR. VER. Jupiter dans un quadrige au galop, à droite ; au-dessus, O. Rare
et très-belle pièce (n° 1). AR.

358. — Même médaille, conservation ordinaire ; au-dessus, D.
AR.

359. **Oppia.** Tête diadèmée de Vénus à droite. R̨. Q. OPPIVS PR.
Victoire allant à gauche ; superbe pièce patinée vert (n° 2).
MB.

360. **Pedania.** COSTA LEG. Tête laurée de femme à droite. BRVTVS
IMP. Trophée ; rare et très-belle pièce (n° 1). AR.

361. — Même médaille, conservation ordinaire. AR.

372. **Petilia.** PETILIVS CAPITOLINVS. Aigle sur une foudre. R̨. S. F.
Temple à colonnes (n° 2). AR.

363. **Pinaria.** Tête de Pallas à droite ; derrière, X. R̨. NATTA
ROMA. Victoire dans un bige au galop à droite (n° 1). AR.

364. Plaetoria. CESTIANVS. Buste tourelée de Cybèle à droite. R.
M. PLAETORIVS AED. CVR. EX. S. C. Chaise curule (n° 8). AR.

365. — CESTIANVS. S. C. Tête de femme casquée à droite. R.
M. PLAETORIVS AED. CVR. Aigle éployé. (n° 9.) AR. 2 pièces.

366. — L. PLAET. CEST. Tête voilée de femme à droite. R. BRVT.
IMP. Simpule et hache ; rare et magnifique pièce (n° 10). AR.

367. Plancia. CN. PLANCIVS AED. CVR. S. C. Tête de Diane Plan-
cienne à droite. R. Chèvre à droite (n° 1). AR.

368. Plautia. P. YPSAE. S. C. Tête de Neptune à droite. R. C. YPSAE
COS. PRIV. CEPIT. Jupiter dans un quadrige au galop à gauche
(n° 4). AR.

369. — Même légende. Tête d'Amphitrite à droite. R. Le même
(n° 5). AR.

370. — PLAVTIVS. Masque de face. R. PLANCVS. L'Aurore dans un
quadrige de face (n° 7). AR.

371. Poblicia. ROMA. Tête de Rome à droite. R. C. POBLICI. Q. F.
Hercule debout à gauche étouffant le lion (n° 7). AR.

372. Porcia. M. CATO. Tête de Bacchus ; dessous, Γ. R. VICTRIX.
Victoire assise à droite (n° 5). AR. Quinaire.

373. Postumia. HISPAN. Tête voilée de la province à droite. R.
A. POST. A. F. ALBIN. Homme debout en toge entre un faisceau
et une aigle romaine (n° 6). AR.

374. — PIETAS. Tête de la Piété à droite. R. ALBINVS BRVTI F. Deux
mains tenant un caducée (n° 8). AR.

375. — A. POSTVMIVS COS. Tête nue de Postumius Albus à droite.
R. ALBINVS BRVTI F. En deux lignes dans une couronne
(n° 10). AR.

376. Quinctia. Tête de Pallas à droite. R. T. Q. ROMA. Le dios-
cure au galop à droite (n° 2). AR.

377. Roscia. Tête de Junon à droite ; derrière, une harpe ? R.
Jeune fille debout à droite nourrissant un serpent (n° 1). AR.

378. Rustia. S. C. Tête de Mars à droite. R. L. RVSTI. Bélier à
droite (n° 1). AR.

379. — Q. RVSTIVS. FORTVNAE ANTIAT. Deux bustes de femmes. R. CAESARI AVGVSTO FOR. RE. EX. S. C. Autel.

380. **Rutilia.** FLAC. Tête de Pallas à droite. R. L. RVTILI. Victoire dans un bige au galop à droite (n° 1). AR.

381. **Sauffeia.** Tête de Pallas à droite. R. L. SAVF. ROMA. Victoire dans un bige au galop à droite (n° 1). AR. 2 pièces.

382. **Sentia.** ARG. PVB. Tête de Pallas à droite. R. L. SENTI. C. F. Jupiter dans un quadrige au galop à droite (n° 1). AR.

383 **Servilia.** FLORA PRIMVS. Tête de Flore à droite. R. C.SERVILI. C. F. Deux soldats debout mesurant leurs épées? (n° 5). AR. 2 pièces.

384. **Sestia.** L. SESTI PRO. Q. Chaise curule; dessous, le modius. R. Q. CAEPIO. BRVTVS. Trépied; très-rare pièce, fleur de coin (n° 3). AR. Quinaire.

385. **Sicinia.** FORT. PR. Tête de la Fortune à droite. R. Q. SICINIVS III. VIR. Palme et caducée.

386. **Sulpicia.** Tête de Vesta à droite; derrière, S. C. R. P. GALB. AE. CVR. Simpule, hache et couteau de sacrificateur (n° 2). AR.

387. **Thoria.** I. S. M. R. Tête de Junon Sospita à droite. R. L. THORIVS BALBVS. Taureau courant à droite (n° 1). AR.

388. **Titia.** Tête barbue à droite. R. Q. TITI. Pégase courant à droite (n° 1). AR.

389. **Titinia.** XVI. Tête de Pallas à droite. R. C. TITIN. ROMA. Victoire dans un bige au galop à droite (n° 1). AR.

390. **Tituria.** TA. SABIN. Tête de Tatius Sabinus à droite. R. L. TITVRI. Deux soldats romains enlevant deux Sabines (n° 2). AR.

391. **Urbinia.** Tête de Pallas à droite. R. T. MANL. AP. CL. Q. VR Victoire dans un trige au galop à droite (n° 1). AR.

392. **Valeria.** MESSAL. F. Buste de Mars jeune casqué à droite. R. PATRE. COS. Chaise curule; pièce rare et fleur de coin (n° 5). AR.

393. **Vergilia**. Tête de Jupiter jeune à droite. R̥. ver. gar. ogvl. Jupiter dans un quadrige à droite ; au-dessus, O. ; très-belle et très-rare pièce (n° 1). AR.

394. **Vettia**. ta. sabinvs. s. c. Tête du roi Tatius à droite. R̥. t. vettivs ivdex. Homme en toge dans un bige au pas à gauche (n° 2). AR.

395. **Vibia**. pansa. Tête de Pan à droite. R̥. c. vibivs. c. f. c. v. iovis. axvr. Jupiter Axus assis à gauche (n° 13). AR.

396. **Vinicia**. concordiae. Tête de la Concorde à droite. R̥. l. vinici. Victoire volant à droite ; rare et magnifique pièce (n° 1). AR.

397. — s. p. q. r. imp. caes. écrit sur la base d'une statue équestre. R̥. l. vinicivs. l. f. iii. vir. Cippe sur lequel on lit : s. p. q. r. imp. caes. qvod. v. m. s. ex. ea. p. q. is. ad. a. de (n° 2). AR.

398. **Volteia**. Tête de Jupiter à droite. R̥. m. voltei. m. f. Temple (n° 1). AR.

399. **Incertaines**. Tête de Pallas à droite. R̥. roma. Les dioscures allant à droite ; dessous, fer de lance couché ; très-belle pièce. AR.

400. — Même médaille également d'un très-beau travail, le fer de lance droit. AR.

401. — Tête de Mercure à droite. R̥. roma. Proue de navire ; magnifique demi-once romaine patinée vert clair. Æ³.

IMPÉRIALES

2° HAUT EMPIRE ROMAIN

NOTA. Tous les numéros cités sont également ceux de l'ouvrage de Cohen.

Pompée le Grand.

402. PIETAS. La Piété debout à gauche; et rare, très-belle pièce (n° 8). AR.

403. Q. NASIDIV. Galère (n° 15). AR. 2 pièces.

Jules César.

404. C. COSSVTIVS MARIDIANVS A. A. A. F. F. en quatre lignes qui se croisent; très-belle pièce (n° 22). AR.

405. L. LIVINEIVS REGVLVS. Taureaux furieux allant à droite; très-belle pièce (n° 29). AR.

406. L. MVSSIDIVS LONGVS. Gouvernail globé et corne d'abondance (n° 31). AR.

407. M. METTIVS. Vénus debout à gauche (n° 34). AR.

408. P. SEPVLLIVS MACER. Vénus debout à gauche (n° 39). AR.

409. Variété de la même médaille; étoile derrière la tête; très-belle pièce (n° 41). AR.

410. Q. VOCONIVS VITVLVS. Veau allant à gauche; très-belle pièce (n° 45). AR.

411. AVGVSTVS DIVI. F. LVDOS. SAEC. Prêtre salien debout à gauche; superbe pièce (n° 20). AR.

Jules César et Marc-Antoine.

412. CÆSAR DIC. Tête laurée de César; derrière, un vase de sacrifice. R. M. ANTON IMP. Tête d'Antoine; derrière. le lituus (n° 2). AR.

Jules César et Octave.

413. C. CÆSAR DICT. PERP. PONT. MAX. Sa tête laurée à droite. R. C. CÆSAR COS. PONT. AVG. Tête d'Octave à droite (n° 2). OR.

414. DIVOS IVLIOS DIVI. F. Têtes en regard de César et d'Octave. R. M. AGRIPPA COS. DESIG. en deux lignes (n° 3). AR.

Brutus (Marcus junius).

415. BRVT. IMP. L. PLAET CEST. Tête nue de Brutus à droite. R. EID. MAR. Bonnet entre deux poignards; très-rare et belle pièce (n° 4). AR.

Cassius (Caius-Cassius-Longinus).

416. D. CASSI. IMP. Tête laurée de la Liberté à droite. R. M. SERVI-LIVS LEG. Acrostolium; très-belle et rare pièce (Consul., n° 12). OR.

Sexte Pompée.

417. MAG. PIVS IMP. ITER. Tête de Neptune à droite. R. PRAEF CLAS ET ORÆ MARIT EX. S. C. Trophée naval; Très-belle pièce (n° 1). AR.

418. Même médaille, moins belle. AR.

Sexte Pompée — Pompée (le Grand) et Cneius Pompée

419. MAG. PIVS IMP. ITER. Tête nue de Sexte Pompée à droite; le tout dans une couronne. R. PRAEF CLAS ET ORNE MARIT. EX. S. C. Têtes en regard de Pompée le Grand et de CN. Pompée; très-rare et très-belle pièce (n° 1). OR.

Lépide et Octave.

420. LEPIDVS PONT. MAX. III. VIR. R. P. C. Sa tête nue à droite. R. CÆSAR IMP. III. VIR. R. P. C. Tête nue d'Octave à droite (n° 2). AR.

421. Même médaille de médiocre conservation et fourrée. AR.

Marc-Antoine.

422. Tête barbue et voilée d'Antoine en grand-prêtre à droite.
R. P. SEPVLIVS MACER. Cavalier conduisant deux chevaux;
très-belle pièce (n° 76). AR.

Marc-Antoine et Octave.

423. M. ANT. IMP. AVG. III. VIR. R. P. C. M. BARBAT. Q. P. Sa tête
laurée à droite. R. CÆSAR IMP. PONT. III. VIR. R. P. C. Tête nue
d'Octave à droite; médaille très-belle et très-rare (n° 6). OR·

424. Même pièce, fleur de coin (n° 7). AR. 2 pièces.

Octavie et Marc-Antoine.

425. III. VIR. R. P. C. Tête d'Octavie à droite, sur un ciste, entourée
de deux serpents. R. M. ANTONIVS, etc. Tête d'Antoine à
droite, couronnée de lierre; très-belle pièce (n° 2). AR. Médaillon.

426. M. ANTONIVS IMP. COS. DESIG. ITER ET. TERT. Têtes accolées
d'Antoine et d'Octavie à droite. R. III. VIR. R. P. C. Bacchus
debout à gauche sur un ciste, entouré de serpents (n° 3).
AR. Médaillon.

Cléopâtre et Marc-Antoine.

427. CLEOPATRÆ REGINÆ REGVM. FILIORVM REGVM. Buste diadémé
de Cléopâtre à droite; dessous, une proue. R. ANTONI AR-
MENIA DEVICTA. Tête d'Antoine à droite; derrière, une tiare
(n° 1). AR. 2 pièces.

Lucius Antoine et Marc-Antoine.

428. L. ANTONIVS COS. Sa tête nue à droite. R. M. ANT. IMP. AVG. III.
VIR. R. P. C. M. NERVA PROQ. P. Tête d'Antoine à droite; rare
et très-belle pièce (n° 1). AR.

C. Octavius III vir.

429. CÆSAR III. VIR. R. P. C. Tête nue d'Octave à droite. R. CÆSAR.
DIC. PER sur une chaise curulle surmontée d'une couronne
(n° 67). AR.

430. Même tête. R. L. LIVINEIVS REGVLVS. Victoire allant à droite; rare (n° 338). AR.

431. Même tête. R. Q. SALVIVS IMP. COS. DESIG. Foudre ailé (n° 380). AR.

432. DIVI. F. Tête nue d'Octave à droite. R. DIVOS. IVL. IOI. dans une couronne; très-belle pièce (n° 265). GB.

Octave, empereur.

433. Sans légende; tête nue d'Octave à droite. R. CÆSAR. DIVI. F. Octave à cheval courant à gauche; rare et très-belle pièce (n° 68). OR.

434. Même tête. R. Même légende. Apollon assis à droite sur un rocher (n° 70). AR.

435. Même tête. R. Même légende. Vénus debout à droite, tenant un casque et un sceptre (n° 72). AR.

436. Même tête. R. Même légende. Trophée naval (n° 103). AR.

437 Même tête à gauche. R. Même légende. Victoire debout à gauche sur un globe (n° 74). AR.

438. Même tête à droite. R. IMP. CÆSAR écrit sur le fronton d'un édifice (n° 109). AR.

439. Même tête. R. Même légende écrite sur le fronton d'un bel arc de triomphe surmonté d'un quadrige (n° 110). AR.

> Ces six dernières pièces doivent provenir d'une même trouvaille et sont d'un travail irréprochable et toutes fleurs de coin.

Octave, empereur et Auguste.

440. CÆSAR AVGVSTVS. Deux branches de laurier. R. OB. CIVIS SERVATOS dans une couronne (n° 4). OR.

441. AVGVSTVS DIVI. F. Sa tête laurée à droite. R. IMP. XIIII. Parthe? ou Germain? debout, présentant un enfant à Auguste assis; très-belle et rare médaille (n° 155). OR.

442. TI. CÆSAR AVG. F. TR. POT. XV. Tibère dans un quadrige au pas à droite; magnifique pièce (n° 231). OR.

443. **TR. POT. XXVIIII.** Victoire assise à droite (n° 238). OR. Quinaire.

444. **DIVVS IVLIVS.** Comète; pièce fleur de coin (n° 94). AR.

445. **TI. CÆSAR AVG. F. TR. POT. XV.** Tibère dans un quadrige à droite (n° 232). AR.

446. **AVGVSTVS.** Capricorne une corne d'abondance sur l'épaule; superbe médaillon, très-beau de travail (n° 28). AR.

447. **C. ANTISTIVS REGINVS III. VIR.** Simpule, bâton d'Augure, trépied et patère; très-belle pièce (n° 290). AR.

448. **L. CANINIVS GALLVS III. VIR.** Parthe à genoux présentant un étendard (n° 307). AR.

449. **P. CARISIVS. LEG. PRO. PR.** Trophée (n° 313). AR.

450. **L. MESCINIVS RVEVS III VIR.** Mars debout à gauche sur un cippe (n° 347). AR.

451. **TVRPILIANVS III. VIR.** Astre et croissant (n° 372). AR.

452. **PROVIDENT SIC.** Autel; magnifique pièce patinée (n° 272). MB.

453. **CONSENSV SENAT ET EQ. ORDIN. P. Q. R.** Auguste assis à gauche; pièce également très-belle, patine verte (n° 263). MB.

454. **M. MAECILIVS TVLLVS III. VIR. A. A. A. F. F.** Dans le champ, s. c. Très-rare et très-belle médaille, avec la Victoire debout posant une couronne sur la tête d'Auguste (n° 439). MB.

455. Sans légende. Tête d'Auguste à droite au milieu d'une couronne. Ɍ. XIIII. dans le champ. Très-belle tessère (tome VI. page 537, n° 10). PB.

456. **DIVO AVGVSTO. S. P. Q. R.** Auguste dans un quadrige d'éléphants allant à gauche; restitution de Tibère (n° 26). GB.

457. **IMP. NERVA CÆSAR AVGVSTVS REST.** Dans le champ, s. c.; très-belle et rare médaille (n° 493). GB.

458. **PROVIDENT.** Autel; Restitution de Titus (n° 489). MB.

Livie (femme d'Auguste).

459. PIETAS. Tête voilée de Livie à droite. R. DRVSVS CÆSAR TI. AV-
GVSTI. F. TR. POT. ITER. Dans le champ, s. c.; très-belle pièce
(n° 1). MB.

460. Même médaille; restituée par Titus; rare (n° 8). MB.

461. IVSTITIA. Tête diadémée de la Justice à droite. R. TI. CÆSAR
DIVI AVG. P. M. TR. POT. XXIIII. Dans le champ, s. c.. magnifique pièce d'un travail très-fin (n° 2). MB.

462. S. P. Q. R. IVLIA AVGVST. Carpentum traîné par deux mules;
belle pièce (n° 4). GB.

Marcus Agrippa.

463. S. C. Neptune debout à gauche; belle pièce avec patine
(n° 3). MB.

Tibère.

464. PONTIF. MAXIM. Livie assise à droite (n° 1). OR.

465. ROM. ET. AVG. Autel de Lyon; pièce de médiocre conservation
avec la contremarque PANT en monogramme (n° 39). GB.

466. CIVITATIBVS ASIÆ RESTITVTIS. Tibère assis à gauche; superbe
médaille (n° 51). GB.

Drusus (Junior).

467. PONTIF. TRIBVN POTEST ITER. Dans le champ, s. c.; très-belle
pièce (n° 2). MB.

Drusus Senior (Nero Drusus).

468. DE. GERM. Arc de triomphe surmonté de trophée (n° 2). AR.

469. TI. CLAVDIVS CÆSAR AVG. P. M. TR. P. IMP. P. P. S. C. Claude assis
à gauché sur une chaise curule; belle pièce de très-grand
module (n° 7). GB.

Antonia (femme de Drusus).

470. SACERDOS DIVI AVGVSTI. Deux torches allumées ; rare et très-belle pièce (n° 3). OR.

Germanicus.

471. IMP. D. CAES. DIVI. VESP.F. AVG. REST. dans le champ, S. C. (n° 10). MB.

Germanicus et Caligula.

472. GERMANICVS CAES. P. C. CAES. AVG. GERM. Tête nue de Germanicus à droite. R. C. CAESAR AVG. PON. M. TR. POT. III. COS. III. Tête laurée de Caligula à droite ; très-belle pièce (variété inédite). OR.

473. Même pièce avec C. CAESAR AVG. GERM. P. M. TR. POT. La tête de Caligula nue (n° 4). AR.

Agrippine mère.

474. S. P. Q. R. MEMORIAE AGRIPPINAE. Carpentum traîné par deux mules ; très-belle pièce (n° 1). GB.

475. TI. CLAVDIVS CAESAR AVG. GERM. P. M. TR. P. IMP. P. P., et S. C. au milieu du champ ; pièce également très-belle (n° 2). GB.

Nero et Drusus (Caesares).

476. Légende confuse. Têtes affrontées des deux Césars. R. TI. CAESAR DIVI AVG. F. AVGVST. P. M. TR. POT. Dans le champ, S. C. (inédite). GB.

477. NERO ET DRVSVS CAESARES. Nero et Drusus au galop à droite. R. C. CAESAR DIVI AVG. PRON. AVG. P. M. TR. P. III. P. P. Dans le champ, S. C. ; belle pièce (n° 2). MB.

Caligula.

478. S. P. Q. R. OB. CIVES. SERVATOS. dans une couronne de chêne (n° 22). GB.

479. VESTA S. C. Vesta assise à gauche (n° 25). MB.

Caligula, Drusille, Agrippine et Julie.

480. AGRIPPINA DRVSILLA IVLIA. Les trois Sœurs de Caligula debout; en bas, S. C.; rare et très-belle pièce (n° 13). GB.

Caligula et Auguste.

481. DIVVS AVGVSTVS PATER PATER PATRIAE. Tête radiée d'Auguste à droite (n° 2). AR.

482. Tête radiée d'Auguste entre deux étoiles (n° 10). AR.

Cesonie ? et Caligula.

483. CN. ATEL. FLAC. CN. POM. FLAC. II. VIR. V. I. N. C. Tête de Cesonie ? à droite. Dans le champ, SAL. AVG. (n° 1). MB.

Claude Ier.

484. EX. S. C. Carpentum traîné par quatre chevaux; rare et belle pièce (n° 26). OR.

485. PACI. AVGVSTAE. Némésis debout à gauche (n° 45). OR.

486. COM. ASIAE. Claude et la Fortune debout dans un temple; sur le fronton on lit: ROM. ET AVG.; très-beau médaillon (n° 1). AR.

487. EX. S. C. P. P. OB. CIVES SERVATOS dans une couronne (n° 77). GB.

488. SPES AVGVSTA. L'Espérance allant à gauche (n° 88). GB.

489. CERES AVGVSTA. Cérès assise à gauche; superbe pièce (n° 72). MB.

490. LIBERTAS AVGVSTA. La Liberté allant à droite; très-belle pièce. (n° 79). MB.

Claude et Messaline.

491. VALERIA MESSALINA CAPITONE CYTHERONTE II. VIR. Buste de Messaline à droite (n° 1). PB.

Britannicus et Claude.

492. BPETANNIKOI ΘΕϹϹΑΛΟΝΙΚΕΟΝ. Buste de Britannicus à gauche. R. TI ΚΛΑΥΔΙΟϹ ΚΑΙϹΑΡ. ϹΕΒΑ. Tête de Claude à gauche; très-rare (Mionnet, n° 363). MB.

Agrippine jeune et Claude.

493. AGRIPPINAE AVGVSTAE. Son buste à droite. R. TI. CLAVD., etc. Tête laurée de Claude (n° 3). OR.

Agrippine jeune et Néron.

494. NERO CLAVD. DIVI. F. CAES. AVG. GERM. IMP. TR. P. COS. Buste. accolés de Néron et d'Agrippine à droite. R. AGRIPP. AVG. DIVI CLAVDI NERONIS. CAES. MATER EX. S. C. Deux figures dans un quadrige d'éléphants allant à gauche (n° 2). OR.

Néron César.

496. NERO CLAVD. CAES. DRVSVS GERM. PRINC. INVENT. Son buste à tête nue à gauche. R. SACERD. COOPT. IN OMN. CONL. SVPRA NVM. EX. S. C. Simpule, trépied, bâton d'augure et patère; magnifique pièce d'un très-beau travail (n° 55). OR.

Néron empereur.

497. VESTA. Temple rond; au milieu, Vesta assise; très-belle pièce (n° 64). OR.

498. IVPPITER CVSTOS. Jupiter assis à gauche; magnifique pièce, fleur de coin (n° 13). AR.

499. ANNONA AVGVSTI CERES. Cérès assise et l'Abondance debout; très-belle pièce (n° 79). GB.

500. DECVRSIO S. C. Néron suivi d'un cavalier galopant à droite; magnifique pièce (n° 122). GB.

501. Même médaille, un peu moins belle. GB.

502. PACE P. R. VBIQ. PARTA IANVM CLVSIT. Temple de Janus fermé; très-belle pièce (n° 183). MB.

503. **ROMA**. Rome assise à gauche; très-belle pièce, la tête d'un très-beau caractère (n° 240, variété). GB.

Octavie et Néron.

504. Légende effacée, têtes en regard de Néron et d'Octavie; pièce patinée vert (n° 1). MB.

Poppée et Néron.

505. ΠΟΠΡΑΙΑΣ ΣΕΒΑΣΤΗ. L. I. (an 10).Buste de Poppée à droite. ℞. NEPO ΚΛΑΥ ΚΑΙΣ ΣΕΒ. ΑΥ. Tête radiée de Néron à droite; très-belle médaille (n° 3). POT.

Interrègne ?

506. Tête casquée de Mars à droite. ℞. s. c. Trophée; très-belle pièce (Id., tome Ier, page 464, n° 19). PB.

Clodius Macer.

507. **L. CLODI. MACRI**. Buste de la Victoire à droite. ℞. **LIB. AVG. LEG. III**. Aigle romaine entre deux enseignes (n° 4). AR.

Galba.

508. **S. P. Q. R. OB. C. S.** dans une couronne; rare et très-belle pièce (n° 80). OR.

509. Même pièce, également très-belle (n° 81). AR.

510. **LIBERTAS PVBLICA**. La Liberté debout à gauche; superbe pièce d'un grand module (n° 143). GB.

511. **ROMA**. Rome assise à gauche; très-belle pièce (n° 182). GB.

Othon.

512. **SECVRITAS. P. R.** La Sécurité debout à gauche: très-belle pièce (n° 13). OR.

512 *bis*. Même médaille, également très-belle (n° 14). AR.

Vitellius.

513. S. P. Q. R. OB. C. S. dans une couronne (n° 32). OR.

514. VICTORIA IMP. GERMAN. Victoire debout à gauche; magnifique pièce, la tête à gauche (n° 43). OR.

515. PAX AVGVSTI S. C. La Paix debout à gauche; très-belle pièce (n° 76). GB.

516. VICTORIA AVGVSTI. Victoire écrivant sur un bouclier OB. CIV. SERV.; très-belle pièce (n° 93). GB.

Vitellius et ses enfants.

517. LIBERI IMP. GERMAN. Bustes en regard du fils et de la fille de Vitellius; magnifique médaille (n° 4). AR.

Vespasien.

518. VIC. AVG. Victoire debout à droite sur un globe; très-belle pièce (n° 22). OR.

519. DIVO AVG. VESPAS. S. P. Q. R. Vespasien dans un quadrige d'éléphants à droite (n° 300). GB.

Vespasien, Titus et Domitien.

520. CAESAR AVG. F. COS. CAESAR AVG. F. PR. Têtes nues de Titus e de Domitien en regard (n° 4). AR.

521. TITVS ED. DOMITIAN CAESARES PRIN. IVVEN. Titus et Domitien assis à gauche: rare et superbe pièce (n° 191). OR.

Titus.

522. ANNONNA AVG. Femme assise à gauche; superbe pièce, fleur de coin (n° 4). OR.

523. COS. V. Vache allant à droite (n° 18). OR.

524. S. C. L'Espérance allant à gauche; médaille de la plus grande beauté et très-grande de module (n° 255). GB.

Julie, fille de Titus.

525. VESTA. Vesta assise à gauche; très-belle pièce (n° 16). MB.

Domitien.

526. **COS. V.** La Louve allaitant les deux enfants, en dessous une nacelle; superbe pièce, fleurs de coin (n° 24). OR.

527. **COS. V.** Sarmate à genoux présentant une enseigne; très-belle pièce (n° 26). OR.

528. **DOMITIANVS AVGVSTVS.** Tête nue de Domitien à droite. R. **GERMANICVS.** Domitien dans un quadrige au pas à gauche; très-belle médaille d'un grand module, contremarquée du Musée de Modène; inédite. OR.

529. **IMP. XII COS. XII CENS. P. P. P.** Esclave germaine assise à droite magnifique pièce (n° 74). OR.

530. **TR. POT. IMP. II COS. VIII. DES. VIIII. P. P.** Buste casqué de Minerve à gauche avec l'Egide (n° 258). OR.

531. **COS. XIIII. LVD. SAEC. FEC. S. C.** Domitien et deux figures debout devant un temple (n° 309). MB.

532. **FORTVNAE AVGVSTI.** La Fortune debout à gauche; magnifique médaille avec belle patine et fleur de coin (n° 538). MB.

533. Très-belle pièce; Domitien avec la tête incurse. MB.
534. Sans légende. Hippopotame à gauche (n° 368). PB.

Domitia (femme de Domitien).

535. **CONCORDIA AVGVST.** Paon à droite; très-belle pièce, fourrée (n° 3). AR.

Nerva.

536. **FORTVNA. PR.** La Fortune assise à gauche; rare et très-belle pièce (n° 32). OR.

537. **LIBERTAS PVBLICA.** La Liberté debout à gauche; magnifique médaille, patinée rouge (n° 107). GB.

Trajan.

538. **FORT. RED. P. M. TR. P. COS. VI. PP. S. P. Q. R.** La Fortune assise à gauche (n° 92). OR.

539. FORVM. TRAIAN. Le Forum; magnifique pièce (n° 95). OR.

540. PARTHICO P. M. TR. P. COS. VI. P. P. S. P. Q. R. Buste radié du Soleil à droite (n° 99). OR.

541. P. M. TR. P. COS. IIII. P. P. Homme nu debout à gauche érigeant un trophée (n° 193). OR.

542. PONT MAX. TR. POT. COS. II. La Fortune debout à gauche (n° 193). OR.

> (Ces cinq pièces d'or sont toutes d'une beauté extraordinaire comm conservation et comme travail artistique.)

543. COS. V. P. P. S. P. Q. R. OPTIMO. PRINC. Victoire allant à droite (n° 37). AR. Quinaire.

544. PARTHICO. P. M. TR. P. COS. VI. P. P. S. P. Q. R. Buste radié du Soleil à droite (n° 100). AR.

545. S. P. Q. R. OPTIMO. PRINCIPI. Esclave assis à droite (n° 268). AR.

546. VIA TRAIANA, etc. Femme couchée, à gauche, tenant une roue (n° 290). AR.

547. FORT. RED. SENATVS POPVLVS QVE ROMANVS. La Fortune assise à gauche; magnifique pièce (n° 344). GB.

548. S. P. Q. R. OPTIMO PRINCIPI. Cérès debout à gauche; pièce également irréprochable (n° 452). GB.

549. TR. POT. COS. II. La Justice assise à gauche; très-belle pièce (n° 512). GB.

550. FELICITAS AVGVST. La Félicité debout à gauche; très-belle pièce (n° 341). MB.

551. S. P. Q. R. OPTIMO PRINC. Trois Enseignes; très-belle pièce (n° 507). MB.

552. DARDANICI. La Province debout à gauche; très-rare et très-belle pièce (n° 338). PB.

Plotine et Trajan.

553. PLOTINAE AVG. Buste de Plotine à droite. R̥. DIVO TRAIANO PARTH AVG. PATRI. Buste de Trajan à droite; très-rare et superbe pièce d'un art très-remarquable (n° 1). OR.

Plotine et Matidie.

554. PTOTINAE AVG. Buste de Plotine à droite. ℞. MATIDIAE AVG. Buste de Matidie à droite; très-belle pièce (n° 1). OR.

Marciane (sœur de Trajan).

555. CONSECRATIO. Aigle éployé sur un sceptre; très-belle pièce (n° 4). AR.

556. PIETAS AVGVST. Femme debout entre deux enfants; très-belle pièce fourrée (n° 6). AR.

Hadrien.

557. COS. III. La Louve à gauche allaitant Romulus et Rémus; magnifique pièce (n° 184). OR.

558. IOVI VICTORI. Jupiter assis à gauche; magnifique médaille. fleur de coin (n° 284). OR.

559. P. M. T. R. P. COS. III. Neptune debout à droite, le pied sur une proue; très-belle pièce (n° 371). OR.

560. Même légende; Triptolème debout à gauche; médaille d'un très-beau travail et fleur de coin (n° 381). OR.

561. AEGYPTOS. L'Égypte couchée à gauche; pièce fleur de coin (n° 70). AR.

562. ALEXANDRIA. La Province debout; pièce également fleur de coin (n° 90). AR.

563. NILVS. Le Nil couché à droite, également fleur de coin (n° 328). AR.

564. IMP. CAESAR. TRAIANVS. HADRIANVS. AVG. Buste lauré d'Hadrien à gauche. ℞. PONT. MAX. TR. POT. COS. III. La Félicité debout à gauche, tenant un caducée et une corne d'abondance; rarissime et splendide médaillon comme conservation et comme travail artistique, c'est peut-être la plus belle production de l'art romain conservée par les médailles; poids, 25 grammes 2 décig. (n° 49). AR. Médaillon du module 10.

565. CLEMENTIA. AVG. COS. III. P. P. La Clémence debout à gauche; magnifique pièce fleur de coin (n° 687). GB.

566. COS. III. Diane debout à gauche; autre magnifique pièce (n° 717). GB.

567. HILARITAS PR. COS. III. La Joie debout (n° 922). GB.

568. PONT. MAX. TR. POT. COS. III. La Paix debout à gauche (n° 1038). GB.

569. AEGYPTOS. L'Égypte couchée à gauche; très-belle pièce (n° 638). MB.

570. CLEMENTIA. AVG. COS. III. P.P. La Clémence debout à gauche; très-belle pièce, Hadrien la tête nue (n° 688, variété). MB.

571. P. M. TRP. COS. III. La Paix debout à gauche (n° 1015). MB.

572. PONT. MAX. TR. POT. COS. III. La Piété debout de face; dans le champ, PIE AVG.; très-belle pièce (n° 998). MB.

Sabine (femme d'Hadrien).

573. CONCORDIA. AVG. La Concorde assise à gauche (n° 2). OR.

574. CONSECRATIO. Aigle enlevant Sabine au ciel; très-rare et très-belle pièce (n° 13). OR.

575. VENERI GENETRICI. Vénus debout à droite (n° 79). GB.

576. VESTA. Vesta assise à gauche; pièce avec belle patine verte (n° 83). GB.

577. S. C. Vesta assise à gauche; très-belle pièce d'un style irréprochable (n° 77). MB.

Ælius César.

578. CONCORD. TRIB. POT. COS. II. La Concorde assise à gauche; très-belle pièce (n° 4). OR.

579. Même médaille, fleur de coin (n° 3, variée). AR.

580. TR. POT. COS. II. L'Espérance allant à gauche (n° 58). MB.

Antinoüs.

581. ANTINOOC HPΩC. Tête d'Antinoüs à gauche. ℟. ΠΟΛЄΜΩΝ ΑΝЄΘΗΚЄ CΜΥΡΝΑΙΟΙC. Bœuf debout à droite; très-belle pièce provenant de la collection de feu M. Dupré (n° 1). BR. Médaillon.

581 *bis*. Légende effacée. Buste d'Antinoüs à droite. ℟. LIΘ an 19. Antinoüs à cheval galopant à droite; frappée à Alexandrie. GB.

Antonin.

582. CONCORD. TRIB. POT. COS. La Concorde assise à gauche (n° 41). OR.

583. COS. IIII. L'Équité debout à gauche (n° 79). OR.

584. COS. IIII. L'Empereur debout à gauche, tenant un globe (n° 129). OR.

585. Même pièce, le buste d'Antonin à gauche (n° 126). OR.

586. LIBERALITAS. AVG. III. L'Empereur assis sur une estrade; près de lui, la Libéralité debout; au bas, une autre figure debout (n° 176). OR.

587. PAX. TR. POT. XIIII. COS. IIII. La Paix debout à gauche (n° 204). OR.

588. TR. POT. XV. COS. IIII. Antonin debout à gauche tenant un globe (n° 310). OR.

589. TR. POT. XX. COS. IIII. Victoire debout à gauche (n° 327). OR.

590. Sans légende. Rome assise à gauche (n° 367). OR.

> Cette série de neuf pièces d'or est réellement un choix hors ligne, tant par la beauté du travail artistique que par la conservation exceptionnelle des pièces qui, toutes, sont à fleur de coin.

591. IMP. T. AEL. CAES. HADR. ANTONINVS. AVG. PIVS. Buste lauré et drapé d'Antonin à droite. ℟. Sans légende. Bacchus et Apollon dans un bige allant au pas, à droite, traîné par une panthère et une chèvre sur laquelle est monté un Amour jouant de la double flûte; très-beau médaillon inédit. Æ¹².

592. LIBERTAS. COS. IIII. La Liberté debout, à droite ; très-belle
pièce avec patine verte (n° 673). GB.

593. SALVS AVG. Hygiée debout, à gauche, nourrissant un serpent placé sur un autel ; magnifique pièce fleur de coin
(n° 779). GB.

594. TIBERIS. S. C. Le Tibre couché à gauche ; magnifique pièce
(n° 853). GB.

595. VENERI FELICI. Temple à 10 colonnes ; très-belle pièce
(n° 962). GB.

596. TR. POT. COS. III. La Fortune debout à gauche ; très-belle
pièce (n° 883). MB.

Antonin ET Marc-Aurèle.

597. AVRELIVS CAESAR. AVG. PII. F. COS. Tête de Marc-Aurèle jeune
à droite. R. ANTONINVS. etc. Tête laurée d'Antonin à droite
(n° 12). AR.

Faustine mère (femme d'Antoine).

598. AVGVSTA. Diane debout à gauche, tenant deux torches ; pièce
fleur de coin (n° 25). OR.

599. AVGVSTA. Cérès ou Vesta debout à gauche, tenant une torche
et un sceptre ; fleur de coin (n° 33). OR.

600. CERES. Cérès debout à gauche ; fleur de coin (n° 56). OR.

601. PIETAS AVG. La Piété debout sacrifiant à gauche ; très-
belle pièce (n° 97). OR.

602. AETERNITAS. L'Éternité debout à gauche (n° 10). AR.

603. Même type ; très-belle pièce (n° 141). GB.

604. CONSECRATIO S. C. Vesta debout à gauche (n° 218). GB.

605. IVNONI. REGINAE. Junon debout à gauche ; très-belle pièce,
avec patine verte (n° 239). GB.

606. AVGVSTA. Cérès debout à gauche ; très-belle pièce (n° 782).
MB.

Galère Antonin et Faustine mère.

607. M. ΓΑΛΕΡΙΟϹ ΑΝΤΩΝΙΝΟϹ. ΑΥΤΟΚΡΑΤΟΡΟϹ ΑΝΤΩΝΙΝΟΥ ΥΙΟϹ. Buste nu de Galère Antonin à droite. Ŗ. ΘΕΑ ΦΑΥϹΤΕΙΝΑ. Buste voilé de Faustine mère à droite; pièce très-rare (n° 2). MB.

Marc-Aurèle César.

608. TR. POT. VII. COS. II. Rome casquée debout à gauche (n° 225). OR.

609. TR. POT. VIIII. COS. II. Castor nu debout à gauche appuyé sur son cheval; le groupe figuré sur ce très-beau médaillon, nous semble représenter une des deux figures de Monte-Cavallo à Rome (n° 383). Æ¹².

Marc-Aurèle empereur.

610. FELICITAS AVG. COS. III. La Félicité debout à gauche; pièce fleur de coin (n° 73). OR.

611. IMP. VI. COS. II. Marc-Aurèle à cheval au pas à droite; pièce fleur de coin (n° 111). OR.

612. TR. P. XXI. IMP. IIII. COS. III. Victoire debout à gauche; pièce également fleur de coin (n° 289). OR.

613. CONCORDIA AVGVSTOR TR. P. XVI. COS. III. Les deux empereurs debout se donnant la main; pièce fleur de coin, avec patine vert clair (n° 421). GB.

614. SALVTI. AVGVSTOR. TR. P. XVII. COS. III. Hygiée debout à gauche; très-belle pièce (n° 628). GB.

615. TR. P. XVIII. IMP. II. COS. III. Mars debout à droite; très-belle médaille (n° 753). GB.

616. TR. POT. XX. IMP. IIII. COS. III. Victoire debout à droite, écrivant VIC. PAR. sur un bouclier; très-belle pièce (n° 728). GB.

647. TR. POT. XXI. IMP. IIII. COS. III. Victoire allant à gauche; très-belle pièce (n° 732). GB.

618. FELICITATI AVG. P. P. IMP. VIII. COS. III. S. C. Vaisseau allant à droite (n° 473). MB.

619. TR. P. XVIII IMP. II. COS. III. Mars debout à droite; très-belle pièce (n° 754). MB.

620. TR. POT. XXIII. IMP. V. COS. III. Hygie debout à gauche (n° 740). MB.

Faustine (jeune femme de Marc-Aurèle).

621. CONSECRATIO. Colombe allant à droite; superbe médaille très-fine de travail (n° 20). OR.

622. VENERI GENETRICI. Vénus debout à gauche; médaille également fleur de coin et d'un travail d'art très-remarquable (n° 80). OR.

623. FAVSTINA AVGVSTA. Buste de Faustine à droite. R. VENVS VIC-TRIX. Vénus debout à gauche, tenant la Victoire et un bouclier posé sur un casque. Sur le bouclier, on voit la louve et les deux enfants (inédite). OR.

624. IVNONI REGINÆ. Junon debout à gauche; à ses pieds, un paon; très-belle médaille patinée vert (n° 184). GB.

625. SALVTI. AVGVSTÆ. Hygiée assise à gauche; très-belle pièce (n° 206). GB.

626. VENVS. Vénus debout à gauche, tenant une pomme et un sceptre; magnifique pièce (n° 229). GB.

Annius Verus ?

627. Buste voilé d'Annius Verus ? à droite couronné de roses. R. S. C. dans une couronne; magnifique pièce avec patine vert clair (tome I, page 464). PB.

Lucius Verus.

628. CONG. AVG. IIII. TR. P. VII. IMP. IIII. COS. III. La Libéralité debout à gauche; superbe médaille, fleur de coin (n° 14). OR.

629. **REX ARMEN. DAT. TR. P. IIII. IMP. II. COS. II.** Vérus et deux autres figures sur une estrade; au bas, le roi d'Arménie debout; pièce également très-belle de travail, et fleur de coin (n° 39). OR.

630. **CONCORDIA AVGVSTOR T. R. P. COS. II.** Marc-Aurèle et Vérus debout se donnant la main; pièce de la plus grande beauté de la fabrique des médaillons (n° 114). GB.

631. **FORT. RED. TR. POT. III. COS. II.** La Fortune assise à gauche; magnifique pièce (n° 144). GB,

632. **TR. POT. VI. IMP. III. COS. II.** Esclave assis à droite au pied d'un trophée; très-belle médaille (n° 190). GB.

633. **TR. P. IIII. IMP. II. COS. II.** Mars passant à droite; très-belle pièce; le buste de Vérus d'une conservation et d'un travail hors ligne (n° 208). GB.

634. **TR. POT. V. IMP. II. COS. II.** Vérus debout à gauche au milieu de quatre enseignes militaires; très-belle pièce (n° 182). MB.

Lucille (femme de Vérus).

635. **PIETAS.** La Piété debout à gauche; magnifique pièce d'un très-beau style (n° 17). OR.

636. Même légende et même type; très-belle pièce (n° 71). GB.

637. Même médaille un peu moins belle. GB.

Commode.

638. **PRINC. IVVENT.** Commode debout à gauche; derrière lui, un trophée; rare et superbe médaille, fleur de coin (n° 207). OR.

639. **P. M. TR. P. VIIII. IMP. VI. COS. IIII. P. F.** Jupiter assis à gauche; pièce également fleur de coin (n° 133). OR.

640. **HERCVLI. ROMANO AVG. P. M. TR. P. XVIIII. COS. VII. P. P.** Hercule sous les traits de Commode debout à gauche, tenant sa massue et traînant le lion de Némée; médaillon de deux cuivres, la légende un peu retouchée (n° 364, variété, la tête de Commode à gauche). Æ¹².

641. LIBERTAS AVG. IMP. II. COS. P. F. La Liberté debout à gauche;
très-belle pièce (n° 599). GB.

642. PVBLICA. FEL. P. M. TR. P. XII. IMP. VIII. COS. V. P. P. S. C. La
Félicité debout à gauche; très-belle pièce patine verte
n° 720). GB.

643. P. M. TR. P. XIII. IMP. VIII. CGS. V. P P. La Santé assise à
gauche; pièce également très-belle (n° 675). GB.

644. HERCVLI ROMANO AVG. S. C. Massue; le tout dans une couronne
(n° 538). MB.

Crispine (femme de Commode).

645. VENVS FELIX. Vénus assise à gauche; très-rare médaille, irréprochable comme travail artistique, et fleur de coin (n° 17).
OR.

646. IVNO S. C. Junon debout à gauche (n° 32). MB.

Pertinax.

647. PROVID. DEOR. COS. II. La Providence debout à gauche;
superbe pièce, fleur de coin (n° 17). OR.

648. PROVIDENTIÆ DEORUM VM. COS. II. Même type; magnifique
pièce (n° 44). GB.

Dide Julien.

649. RECTOR ORBIS. L'Empereur debout à gauche, tenant un globe;
très-rare et magnifique pièce, fleur de coin (n° 47). OR.

650. P. M. TR. P. COS. La Fortune debout à gauche; très-belle
pièce (n° 13). MB.

Manlia Scantilla (femme de Dide Julien).

651. IVNO REGINA. Junon debout à gauche (n° 7). GB.

Didia Clara (fille de Dide Julien).

652. HILAR TEMPOR. La Joie debout à gauche (n° 2). AR.

Pescennius Niger.

653. BONÆ SPEI. L'Espérance allant à gauche; superbe pièce, très-rare d'un aussi bon travail (n° 5). AR.

Albin César.

654. FELICITAS COS II. La Félicité debout à gauche; très-belle pièce patinée (n° 59). GB.

655. SÆCVLO. FRVGIFERO. COS. II. Divinité africaine debout à gauche (n° 67). MB.

Albin empereur.

656. FIDES. LEGION COS II. Deux mains jointes tenant un aigle légionnaire; pièce fleur de coin (n° 14). AR. 2 pièces.

Septime Sévère.

657. L. SEPT. SEV. PERT. AVG. IMP. IIII. Tête laurée de Sévère à droite. R. VICT. AVG. TR. P. II. COS. II. Victoire allant à droite, tenant une couronne et une palme; pièce fleur de coin (variété inédite). OR.

658. Quatre pièces d'argent revers variés et fleur de coin. AR.

659. P. M. TR. P. XVIII. COS. III. P. P. Deux Victoires soutenant un bouclier posé sur une palme; très-belle pièce (n° 593). GB.

660. VIRTVTI AVG. Sévère debout à gauche, Rome debout le couronne (n° 659). GB.

661. COS. III. LVD. SÆC. FEC. sur un cippe placé entre Bacchus et Hercule debout (n° 496). MB.

662. P. M. TR. P. XVI. COS. III. P. P. Magnifique pont avec une quantité de figures de chaque côté; dessous, une galère; très-rare et superbe pièce (n° 585). MB.

'Julia Domna (femme de SÉVÈRE)

663. PIETAS AVG. La Piété debout à gauche; rare et superbe médaille (n° 79). OR.

664. IVNONI LVCINAE. Junon assise à gauche; très-belle pièce sans patine, avec la contre-marque de Modène (n° 161). GB.

665. SAECVLI FELICITAS. La Félicité debout à gauche; très-belle médaille (n° 186). GB.

Julia Domna ET Caracalla.

666. IVLIA AVGVSTA. Buste de Julie à droite. R. ANTONINVS PIVS AVG. Buste de Caracalla à droite (n° 1). AR.

Caracalla (CÉSAR).

667. SEVERI AVG. PII. FIL. Vases pontificaux; superbe pièce, patine rouge (n° 562). GB.

Caracalla, EMPEREUR.

668. RECTOR ORBIS. Caracalla debout à gauche tenant un globe; médaille de la plus grande beauté, le buste de Caracalla d'un travail artistique irréprochable (n° 303). OR.

669. P. M. TR. P. XX. COS. IIII PP. Le Soleil debout à gauche; médaille fleur de coin (n° 229). OR.

670. Trois pièces d'argent, revers variés et fleur de coin. AR.

671. FORT. RED. F. M. TR. P. XIIII. COS. III. PP. La Fortune assise à gauche; admirable pièce fleur de coin (n° 403). GB.)

672. LIB. AVG. VIIII. P. M. TR. P. XVII. IMP. III. COS. IIII. PP. Caracalla et deux figures sur une estrade; au pied, une autre figure (n° 413). GB.

673. P. M. TR. P. XVI. COS. IIII. P.P. La Liberté debout à gauche; très-belle pièce (n° 434). GB.

674. P. M. TR. P. XVI. IMP. II. COS. IIII. P. P. S. C. Cirque de Caracalla; rare et très-belle pièce (n° 439). GB.

Plautille (femme de Caracalla)

675. CONCORDIA AVGG. La Concorde debout à gauche; pièce fleur de coin (n° 1). AR.

Geta Caesar.

676. Trois pièces d'argent, fleur de coin, revers variés. AR.

Geta, empereur.

677. PONTIF. TR. P. II. COS. II. S. C. Caracalla et Geta debout sacrifiant; très-belles médailles (n° 166). GB. 2 pièces.

678. FORT. RED. TR. P. III. COS. II. S. C. La Fortune assise à gauche; une médaille très-belle (n° 136). MB. 2 pièces.

Macrin.

679. AEQVITAS AVG. L'Équité debout à gauche (n° 1). AR. 2 pièces.

680. FIDES MILITVM. La Foi militaire debout (n° 76). GB.

681. PONT. MAX. TR. P. II. COS. II. P. P. Macrin dans un quadrige, à gauche; magnifique pièce patinée vert (n° 112). MB.

Diaduménien.

682. SPES PVBLICA. L'Espérance allant à gauche (n° 12). AR.

683. Même médaille, moins belle. AR.

684. PPINCIPI IVVENTVTIS. Diaduménien debout; dans le champ, trois enseignes (n° 14). GB.

Élagabale.

685. PONTIF. MAX. TR. P. II. COS. II. P. P. Rome assise à gauche; pièce fleur de coin (n° 111). OR.

686. ANTONINVS PIVS FEL. AVG. Buste lauré et drapé d'Élagabale à droite. R. SOLI PROPVGNATORI. Le Soleil courant à gauche et lançant la foudre; magnifique pièce inédite. OR.

687. P. M. TR. P. III. COS. III. P. P. Le Soleil passant à gauche, devant lui une étoile; rare et magnifique pièce; patine verte (n° 188). GB.

Julia Paula (première femme d'Élagabale).

688. concordia. La Concorde assise à gauche (n° 2). AR.

689.   Id.   Élagabale et Paula debout se donnant la main. (n° 3). **AR.**

690.   Id.   La Concorde assise à gauche; très-rare et très-belle pièce (n° 13). GB.

Aquilia Sévéra (deuxième femme d'Élagabale).

691. concordia. La Concorde debout sacrifiant à gauche (n° 1). AR.

Julia Soaemias (mère d'Élagabale).

692. Deux belles médailles d'argent, revers variés. AR.

Julia Maesa (aïeule d'Élagabale).

693. saecvli felicitas. La Félicité debout à gauche; très-belle pièce (n° 17). AR.

694. pietas avg. La Piété debout à gauche (n° 29). GB.

Sévère Alexandre César.

695. indvlgentia avg. L'Espérance allant à gauche; très-rare et très-belle pièce (n° 33). AR.

Sévère Alexandre, empereur.

696. p. m. tr. p. ii. cos. p. p. La Paix debout à gauche; superbe pièce (n° 105). OR.

697. imp. caes. m. avrel. sev. alexander. pivs felix avg. Son buste lauré, drapé et cuirassé, à droite. R. moneta avgvsti. Les trois Monnaies debout, deux à gauche; celle du milieu vue de face; magnifique médaillon de billon ayant été doré dans l'antiquité; il reste des traces de dorures sur la couronne et les vêtements, ce qui produit un très-bel effet; poids, 36 grammes (inédite). AR[11].

698. annona avgvsti. La Fortune debout à gauche; très-belle pièce (n° 251). GB.

699. ROMAE AETERNAE. Rome assise à gauche; superbe médaille (n° 435).

700. VICTORIA AVGVSTI. Victoire debout à droite, écrivant VOT. X. sur un bouclier; très-belle pièce patinée vert (n° 453). GB.

701. P. M. TR. P. VIII. COS. III. P. P. Sévère dans un quadrige, au pas, à droite (n° 369). MB.

702. RESTITVTOR MON. Alexandre debout à gauche; très-belle médaille (n° 433). MB.

Orbiana (femme d'Alexandre Sévère).

703. CONCORDIA AVGG. La Concorde assise à gauche (n° 1). AR.

704. CONCORDIA AVGVSTORVM. Même type; belle pièce patinée vert clair (n° 10). GB.

705. Même médaille, très-belle, sans patine. GB.

Mamée (mère de Sévère).

706. VESTA. Vesta debout à gauche; très-belle pièce (n° 72). GB.

707. FELICITAS PVBLICA. La Félicité debout à gauche, appuyée sur une colonne; pièce également très-belle (n° 42). MB.

Maximin Ier.

708. SALVS AVGVSTI. La Santé assise à gauche (n°⁸ 83 et 86). GB. 2 pièces variées.

709. PAX AVGVSTI. La Paix debout à gauche (n°⁸ 60 et 63). GB. 2 très-belles pièces variées.

710. P. M. TR. P. IIII. COS. P.P. L'Empereur debout à gauche; dans le champ; trois enseignes; superbe médaille patinée vert (n° 77). GB.

711. VICTORIA AVG. Victoire passant à droite (n° 90). GB.

712. VICTORIA GERMANICA. L'Empereur debout à gauche couronné par la Victoire (n° 98). MB.

Pauline (femme de Maximin).

713. CONSECRATIO. Paon enlevant l'Impératrice au ciel; rare et très-belle pièce (n° 2). GB.

Maxime César.

714. PIETAS AVG. Vases pontificaux ; pièce fleur de coin (n° 1). AR.

715. PRINC. IVVENTVTIS. Maxime debout à gauche ; dans le champ, deux enseignes (n° 4). AR.

716. PRINCIPI IVVENTVTIS. Même type ; très-belle pièce (n° 13). GB.

717. Même médaille, moins belle. GB.

Gordien d'Afrique père.

718. ROMAE AETERNAE. Rome assise à gauche ; superbe médaille très-rare et fleur de coin (n° 6). AR.

Gordien d'Afrique fils.

719. VIRTVS AVGG. Mars debout à gauche ; très-rare et très-belle pièce (n° 6). AR.

720. ROMAE AETERNAE. Rome assise à gauche ; très-rare et magnifique pièce (n° 8). GB.

Balbin.

721. CONCORDIA AVGG. Deux mains jointes ; très-belle pièce (n° 3). AR.

722. VICTORIA AVGG. La Victoire debout à gauche ; rare et magnifique pièce (n° 30). GB.

723. IMP. CAES. D. CAEL. BALBINVS AVG. Son buste lauré à droite. R. LIBERALITAS AVGG. La Libéralité debout à gauche (variété inédite). MB.

Pupien.

724. CARITAS MVTVA AVGG. Deux mains jointes ; pièce fleur de coin (n° 3). AR.

725. PAX PVBLICA. La Paix assise à gauche ; très-belle pièce (n° 14). AR.

726. VICTORIA AVGG. Victoire debout à gauche ; très-belle pièce patinée vert (n° 41). GB.

727. CONCORDIA AVGG. La Concorde assise à gauche; très-belle pièce (n° 24). GB.

728. VOTIS DECENNALIBVS. S. C. dans une couronne (n° 44). MB.

Gordien III, César.

729. PIETAS AVGG. Vases pontificaux; rare et très-belle pièce patinée vert clair (n° 271). GB.

Gordien III, empereur.

730. VICTORIA AVGVSTI. L'Empereur à cheval à droite, précédé par la Victoire et suivi par des soldats portant des enseignes; très-rare et très-beau médaillon (n° 202). Æ¹¹.

731. IOVI STATORI. Jupiter debout de face; superbe pièce patinée vert (n° 240). GB.

732. AETERNITATI AVG. Le Soleil debout; très-belles pièces également patinées (n° 220). GB. 2 pièces.

733. VICTORIA AVG. Victoire allant à gauche; très-belle pièce patinée vert clair (n° 329). GB.

Philippe père.

734. MILLIARIVM. SAECVLVM. Cippe avec COS. III (n° 162). GB.

735. P. M. TR. P. IIII. COS. II. P. P. La Félicité debout à gauche; magnifique médaille (n° 177). GB.

736. SAECVLVM NOVVM. Temple à huit colonnes; très-belle pièce patinée vert clair (n° 196). GB.

Otacilie (femme de Philippe).

737. PVDICITIA AVGG. La Pudeur assise à gauche; très-belle pièce (n° 59). GB.

738. SAECVLARES AVGG. Hippopotame à droite; très-belle pièce (n° 65). GB.

739. Même médaille, également très-belle, mais moins ronde. GB.

Philippe fils, César.

740. PRINCIPI IVVENT. Philippe fils debout à gauche; très-belle pièce avec patine rouge (n° 64). GB.

741. Même médaille, patine verte (n° 65). MB.

Philippe fils, empereur.

742. LIBERALITAS AVGG. III. Les deux empereurs assis à gauche (n° 56). GB.

Trajan Dèce.

743. PANNONIAE. Deux femmes debout; très-belle pièce (n° 38). OR.

744. FELICITAS SÆCVLI. La Félicité debout à gauche; très-beau médaillon (n° 57). Æ^{10}.

745. DACIA. La Province debout à gauche (n° 67). GB.

Etruscilla (femme de Décius).

746. PVDICITIA AVG. La Pudeur assise à gauche (n° 9). OR.

Herennius Etruscus César.

747. Deux pièces d'argent, revers variés. AR.

748. PIETAS. AVGG. Mercure debout à gauche (n° 28). GB.

Hostilien César.

749. PRINCIPI IVVENTVTIS. Hostilien debout à gauche, tenant une enseigne; très-belle pièce, avec un petit trou rebouché (n° 20). OR.

750. Même médaille (n° 21). AR.

751. Même type, avec deux enseignes; superbe médaille (n° 49). GB.

Trebonien Galle.

752. LIBERTAS AVGG. La Liberté debout à gauche; très-belle pièce (n° 97). GB.

Volusien.

753. PAX. AVGG. La Paix debout à gauche (n° 105). GB.

754. IVNONI MARTIALI. Junon dans son temple (n° 98). GB.

Æmilien.

755. DIANAE VICTRI. Diane debout à gauche (n° 6). AR.

756. MARTI PACIF. Mars passant à gauche (n° 14). AR.

757. SPES PVBLICA. L'Espérance allant à gauche; très-rare et très-belle pièce (n° 48). GB.

Cornelia Supera (femme d'Emilien).

758. VESTA. Vesta debout à gauche; très-rare et très-belle pièce (n° 4). AR.

Valérien père.

759. ROMAE AETERNAE. Rome assise à gauche; rare et très-belle pièce; poids : 3 grammes 4 décig. (n° 122). OR.

Mariniana (femme de Valérien).

760. CONSECRATIO. Paon enlevant l'impératrice (n° 11). AR.

761. CONSECRATIO. Paon de face, la queue éployée (n° 2). AR.

Gallien.

762. VICTORIA AVGG. Victoire debout à gauche; poids : 2 grammes 2 décig.; magnifique pièce d'un très-beau travail (n° 610). OR.

763. VIRTVS AVGG. Mars debout à gauche (n° 856). GB.

764. CONCORDIA AVGG. Deux mains jointes; très-belle pièce (n° 749). MB.

Salonine (femme de Gallien).

765. IVNO REGINA. Junon debout à gauche; superbe pièce (n° 108). GB.

Salonin.

766. LIC. COR. SAL VALERIANVS. N. CAES. Buste drapé et cuirassé de Salonin à droite, la tête nue. R̞. PRINC. IVVENTVTIS. Salonin debout à gauche, tenant la haste et un globe; devant lui, une captive? assise; très-rare et belle pièce provenant de la collection de feu M. Dupré (inédite). GB.

767. Même médaille, avec PRINCIPI (n° 77). MB.

Postume père.

768. IMP. C. POSTVMVS P. F. AVG. Son buste lauré à droite. R̞. VIRTVS POSTVMI AVG. Buste casqué de Mars? ou Postume fils; très-rare médaille de la plus grande beauté, irréprochable comme conservation et comme travail artistique (n° 197). OR.

769. LAETITIA AVG. Galère (n° 245). GB.

770. VICTORIA AVG. Victoire passant à gauche; à ses pieds, un captif (n° 314). GB.

Lælien.

771. VICTORIA AVG. Victoire passant à droite (n° 3). PB.

Victorin père.

772. SAECVLI FELICITAS. L'Abondance debout à droite, le pied sur une proue et tenant un enfant; très-rare et très-belle pièce (n° 62). OR.

Marius.

773. VICTORIA AVG. Victoire debout à gauche (n° 16). PB.

Claude II.

774. MONETA AVG. Les trois Monnaies debout; très-rare et magnifique médaillon (n° 26). Æ².

Aurélien.

775. CONCORD. LEGI. La Concorde debout avec quatre enseignes; rare et très-belle pièce (n° 10). OR.

776. CONCORDIA AVG. L'Empereur et l'Impératrice debout se donnant la main; très-belle pièce (n° 42). MB.

Aurélien et Sévérine.

777. IMP. AVRELIANVS AVG. Buste radié d'Aurélien. R. SEVERINA AVG. Buste de Sévérine sur un croissant (n° 1). GB.

Sévérine (femme d'Aurélien).

778. IVNO. REGINA; Junon debout à gauche (n° 9). MB.

Vabalathe et Aurélien.

779. Buste de Vabalathe, au R. d'Aurélien, an 5 (n° 4). PB.

Tetricus père.

780. P. M. TR. P. III. COS. P. P. La Foi militaire debout à gauche; très-rare et très-belle pièce (n° 18). OR.

781. SPES. PVBLICA. L'Espérance allant à gauche; pièce également très-rare et très-belle (n° 24). OR.

Probus.

782. VIRTVS PROBI. AVG. Probus debout à gauche frappant deux captifs; superbe médaille fleur de coin (n° 59). OR.

783. MONETA AVG. Les trois Monnaies debout; splendide médaillon d'un magnifique travail et fleur de coin (n° 74). Æ¹⁰.

784. Même type, le buste de Probus vu de dos tenant un bouclier, avec l'empereur à cheval précédé par la Victoire; médaillon également de la plus grande beauté, ayant appartenu à M. Dupré (n° 72, variée de module). Æ⁹ 1/2.

Carus.

785. VIRTVS CARI. INVICTI AVG. Hercule au repos à droite, à l'exer; gue K; très-belle pièce (n° 19). OR.

Numérien.

786. MONETA AVGG. Les trois Monnaies debout ; admirable médaillon fleur de coin, l'argenture conservée (n° 18, variée de
module). Æ¹⁰.

Carinus César.

787. M. AVR. CARINVS NOB. CAES. Buste lauré drapé et couronné de
Carinus à droite. R. PRINCIPI IVVENTVT. Carin debout à gauche,
tenant une lance et une enseigne ; admirable pièce patinée
vert, et fleur de coin. MB. Module 5.

Carinus, empereur.

788. VENERI VICTRICI. Vénus debout à gauche ; superbe pièce
fleur de coin (n° 17). OR.

Magnia Urbica (femme de Carin).

789. VENERI VICTRICI. Vénus debout à droite ; très-rare et très-
belle pièce, trouée (n° 3). OR.

Julien (tyran).

790. LIBERTAS PVBLICA. La Liberté debout à gauche ; très-rare et
très-belle pièce (n° 1). OR.

Dioclétien.

791. IOVI CONSERVATORI AVG. Jupiter debout à gauche ; devant, O ;
à l'exergue, S. M. A. et étoile ; pièce fleur de coin frappée à
Arles ? (n° 33). OR.

792. IOVI CONSERVATORI. Jupiter debout à gauche ; à l'exergue,
S. C. ; très-belle pièce (n° 49). OR.

793. VIRTVS AVGG. Hercule debout à droite terrassant un cerf ;
à l'exergue, TR. ; superbe pièce fleur de coin (n° 88). OR.

794. MONETA AVGG. Les trois Monnaies debout ; très-beau médaillon (n° 109). Æ¹⁰.

Maximien Hercule.

795. VIRTVS MILITVM. Porte de la ville de Trèves, les deux battants ouverts; à l'exergue, P. T. R.; médaille d'un travail admirable et fleur de coin (n° 101, variée). AR.

796. IMP. C. M. AVR. VAL. MAXIMIANVS P. F. AVG. Tête de Maximien à gauche couverte de la peau du lion. R. MONETA IOVI ET HERCVLI AVG. La Monnaie, Hercule et Jupiter debout; rare et superbe médaillon d'un très-beau travail (n° 126). Æ".

Carausius.

797. PAX. AVG. La Paix debout à gauche; dans le champ, S. P. PB.

Allectus.

798. MONETA AVG. L'Équité debout à gauche; dans le champ, S.P.; à l'exergue, C; très-belle pièce. PB.

799. VIRTVS AVG. Galère. PB.

Domitius Domitianus.

800. GENIO POPVLI ROMANI. Génie debout à gauche; à ses pieds, un aigle; dans le champ, B; à l'exergue, ALE; très-rare et très-belle pièce (n° 1). MB.

Constance Chlore, César.

801. HERCVLI CONS. CAES. Hercule debout à droite tenant des pommes et sa massue; à l'exergue, S. M. A. Z.; rare et admirable pièce fleur de coin (n° 20). OR.

802. VIRTVS MILITVM. Porte d'un camp (n° 64). AR.

803. GENIO POPVLI ROMANI. Génie debout à gauche; magnifique pièce, le buste de Constance à gauche. MB.

804. PRINCIPI IVVENTVT. Constance debout à gauche tenant deux enseignes; pièce fleur de coin (n° 209, variée). PB. Quinaire.

Valéria (femme de Galère).

803. VENERI VICTRICI. Vénus debout à gauche. MB. 2 pièces.

Sévère II, César.

806. SEVERVS NOB. CAES. Tête laurée de Sévère à droite. R. MARTI PATRI NK. en monogramme. Mars debout à gauche tenant la haste et appuyé sur son bouclier; à l'exergue, S.M.N.; très-belle pièce (inédite). OR.

Romulus, César.

807. AETERNAE MEMORIAE. Temple rond, les portes entr'ouvertes; très-belle pièce (n° 9). MB.

Licinius père.

808. LICINIVS AVG. ORDV. FILII. SVI. Buste de Licinius de face, avec le Paludamentum et la cuirasse. R. IOVI CONS. LICINI AVG. Jupiter assis de face sur un cippe, sur lequel on lit SIC X SIC XX; à l'exergue, S.M.AN.E; très-rare et magnifique pièce, mais trouée; le trou est placé au-dessus de la tête et n'altère ni la face ni le revers (n° 18). OR.

Licinius père ET Licinius fils.

809. I. O. M. ET. VICT. CONSER. D.D. N.N. AVG. ET CAES. Jupiter et la Victoire debout (n° 2). Petit MB.

Constantin le Grand, César.

810. VIRTVS MILITVM. Porte de ville avec trois tourelles; rare et superbe pièce fleur de coin (n° 150, variée). AR.

Constantin le Grand, empereur.

811. VIRTVS AVG. ET CAES. N.N. Mars passant à droite; à ses pieds, un captif; à l'exergue, SIRM; beau médaillon; poids, 6 grammes 7 décig. (n° 31). OR⁶.

812. **P. M. TRIB. P. COS. IIII. P. P. PROCOS.** Constantin assis à gauche; à l'exergue, **S. M. T.**; superbe pièce fleur de coin (n° 78). OR.

813. **PRINCIPI IVVENTVTIS.** Constantin debout à gauche, tenant la haste et un globe; à l'exergue, **P. T. R.**; pièce d'un travail très-remarquable et fleur de coin (n° 85). OR.

Fausta (femme de Constantin).

814. **SALVS REIPVBLICAE.** Fausta debout tenant Constantin II et Constance dans ses bras; à l'exergue, **S. M. N.**; très-rare et très-belle pièce, avec un trou rebouché (n° 2). OR.

Delmatius.

815. **GLORIA EXERCITVS.** Deux Soldats debout; au milieu, une enseigne; à l'exergue, **B. SIS.** (n° 5). PB.

Hanniballien.

816. **SECVRITAS PVBLICA.** L'Euphrate couché à gauche (n° 1). PB.

Constance Ier.

817. **OB. VICTORIAM. TRIVMFALEM.** Deux Victoires soutenant un bouclier sur lequel on lit **VOT. X. MVLT. XV**; à l'exergue, **TR.**; pièce fleur de coin (n° 41). OR.

Constance II.

818. **VICTORIA AVGVSTORVM.** Victoire assise à gauche; devant elle, un génie tenant un bouclier sur lequel on lit **VOT. XXXX**; à l'exergue, **KONSTAN**; pièce très-rare et fleur de coin (n° 122). OR. Tiers de sou.

819. **VICTORIA AVGVSTORVM.** Victoire allant à gauche et conduisant Constance; magnifique médaillon (n° 181). Æ[10].

Vetranio.

820. **CONCORDIA MILITVM.** L'Empereur debout, tenant deux enseignes; dans le champ, **A**; à l'exergue, **B. SIS.**; très-belle pièce (n° 4). MB.

821. Même médaille, conservation ordinaire. MB.

Magnence.

822. VICTORIA AVG. LIB. ROMANORVM. La Victoire et la Liberté debout, tenant un trophée à l'exergue, TR. (n° 15). OR.

823. VIRTVS EXERCITI. Soldat debout à gauche; à l'exergue, TR; superbe médaille, fleur de coin (n° 21). AR.

824. Même médaille, également très-belle. AR.

Julien II, César.

825. VIRTVS AVG. N. Julien debout à gauche, tenant une palme et un étendard et foulant aux pieds un captif; rare et beau médaillon patiné vert (n° 34). Æ⁹.

Julien II, empereur.

826. VIRTVS EXERCITVS ROMANORVM. Julien armé portant un trophée, traînant un captif; à l'exergue, ANT. Z.; splendide pièce, fleur de coin (n° 29). OR.

Hélène (femme de Julien II).

826 *bis*. VOTA PVBLICA. Isis Faria debout à droite sur un vaisseau (n° 15). PB.

Jovien.

827. VOT. V. MVLT. X. dans une couronne (n° 13). AR.

Valentinien Ier.

828. RESTITVTOR REIPVBLICAE. Valentinien debout à droite, tenant la Victoire et un étendard; à l'exergue, S. M. TES.; pièce fleur de coin (n° 26). OR.

Valens.

829. VICTORIA AVGVSTORVM. Victoire assise écrivant sur un bouclier : VOT. V. MVL. X.; dans le champ, OB; à l'exergue, CONS. et étoile; très-belle pièce (n° 46). OR.

Gratien.

830. VICTORIA AVGG. Gratien et Valentinien jeune assis de face, soutenant une Victoire; à l'exergue, CON (n° 23). OR.

Théodose Ier.

831. VICTORIA AVGG. Théodose et Valentinien Ier assis (n° 19). OR.

832. VOT. X. MVLT. XX. dans une couronne; à l'exergue, CONS. (n° 31). AR.

Magnus Maximus.

833. RESTITVTOR REIPVBLICAE. Valentinien debout à droite; à l'exergue, S. M. TR. OR.

Victor.

834. VIRTVS ROMANORVM. Rome assise à gauche, M. D. P. S.; très-belle pièce (n° 5). AR.

835. SPES ROMANORVM. Porte d'un camp (n° 7). PB.

Honorius.

836. VICTORIA AVGGF. Honorius debout à droite, foulant aux pieds un captif. R. V. COM. OB (n° 21). OR.

Constantin III.

837. VICTORIA AVGGG. Même type. L. D. COM. OB.; superbe médaille (n° 3). OR.

Valentinien III.

838. VICTORIA AVGG.O. Rome assise de face. R. M. COM. OB. (n° 11). OR.

839. Sans légende. Croix dans une couronne. CON. OB. (n° 26). OR. Tiers de sou.

Majorien.

840. VICTORIA AVGGG. Majorien debout de face, le pied sur une tête; dans le champ, AR (Arles); à l'exergue, COM. OB. (n° 1). OR.

841. Sans légende. Croix dans une couronne; à l'exergue, COM. OB. (n° 10). OR. Tiers de sou.

Sévère III.

842. VICTORIA AVGGG. Victoire debout à gauche; COM. OB. (n° 3). OR. Tiers de sou.

Anthemius.

843. SALVS REIPVBLICAE. Anthemius et Léon debout de face, soutenant le globe crucigère; dans le champ, ROMA en monogr. COM. OB.; rare et très-belle pièce (n° 5). OR.

844. Sans légende. Croix dans une couronne. CON. OB. (n° 16). OR. Tiers de sou.

Jules Népos.

845. VICTORIA AVGGG. Victoire debout à gauche; R. V. COM. OB.; pièce très-rare et fleur de coin (n° 3). OR.

846. Lans légende. Croix dans une couronne (n° 10). OR. Tiers de sou.

EMPIRE D'ORIENT

Les numéros cités sont ceux des planches de l'ouvrage de Sabatier.

Arcadius, Honorius et Théodose II.

847. Buste d'Arcadius de face au milieu des bustes d'Honorius et de Théodose II de profil. R̲. AVGGG. dans une couronne; splendide pièce de forme carrée, patinée vert clair et fleur de coin (pl. III, n° 4). Æ.

Arcadius.

848. VICTORIA AVGGG. Arcadius debout à droite, le pied sur un captif; M. D. COM. OB.; pièce fleur de coin (pl. IV, n° 2). OR.

Eudoxie (femme d'Arcadius).

849. SALVS REIPVBLICAE B. Victoire assise à droite, tenant un bouclier; à l'exergue, CON. OB.; très-rare et très-belle pièce (id., n° 16). OR.

Thédoose II.

850. CONCORDIA AVGGG. A. Rome assise de face, étoile; CON. OB. (id., n° 30). OR.

851. IMP. XXXXII. COS. XVII. P. P. Rome assise à gauche. étoile; CON. OB. (pl. V, n° 1). OR.

Eudocia (femme de Théodose II).

852. Sans légende. Croix dans une couronne; CON. OB. (id., n° 25). OR. Tiers de sou.

853. Même médaille, moins belle. OR. Tiers de sou.

Marcien.

854. VICTORIA AVGGG. Θ. Victoire debout à gauche; CON. OB. (pl. VI, n° 6). OR.

855. Même pièce, avec AVGGG. Δ. OR.

Pulchérie (femme de Marcien).

856. Sans légende. Croix dans une couronne. CON. OB. (id., n° 16). OR. Tiers de sou.

Léon.

857. VICTORIA AVGGF. N. Victoire debout à gauche; CON. OB. (id., n° 22). OR.

Zénon.

858. VICTORIA AVGGG. Γ. Même type; CON. OB.; pièce fleur de coin (pl. VII, n° 18). OR.

859 Même médaille, avec AVGGG. S. OR.

860. Même type, fabrique espagnole. Légende rétrograde (id.. n° 21). OR. Tiers de sou.

Basiliscus.

861. VICTORIA AVGGG. N. Victoire debout à gauche; CON. OB.
(pl. VIII, n° 14). OR.

Anastase.

862. VICTORIA AVGVSTORVM. Victoire allant à droite (id., n° 29). OR.
Tiers de sou.

Justin Ier.

863. VICTORIA AVGGG. IS. Victoire debout à gauche; CON. OB.;
pièce fleur de coin (page 160, n° 2). OR.

864. VICTORIA AVGVSTORVM. Victoire debout; CON. OB. (pl. IX,
n° 22). OR. Tiers de sou.

Justinien Ier.

865. VICTORIA AVGVSTORVM. Même type (pl. XII, n° 3). OR. Tiers de
sou. 2 pièces.

866. VOT. MVIT. HTI. en trois lignes dans une couronne (id., n° 11).
AR.

Justin II.

867. VICTORIA AVGG. Δ. Rome assise de face (pl. XII, n° 1). OR.
2 pièces.

Tibère Constantin ?

868. D. D. TIBERI P. P. AVG. Buste de Tibère? à droite. R. VICTORIA
MAVRI AVS. Croix au bas; CON. OB. (inédite). OR. Tiers de sou.
2 pièces.

> Cette monnaie a sans doute été frappée l'an 582, au moment où Tibère
> donna le titre d'empereur à Maurice, qui déjà avait été créé César.

Maurice Tibère.

869. VICTORIA. AVGG. Θ. Victoire debout de face; CON OB. (pl. XXIV.
n° 10). OR.

870. VICTORIA AVGVSTORVM. Victoire debout de face (page 239). OR.
Tiers de sou.

Focas.

871. VICTOR. AVGG. I. Victoire debout de face; CON. OB. (pl. XXVI. n° 27). OR. 2 pièces.

Focas et Leontia.

872. M. et ANN. VI.; à l'exergue, THEV. ΔI (pl. XXVII, n° 27). MB.

Heraclius Ier.

873. VICTORIA AVGG. E. Croix sur un globe (pl. XXVIII, n° 10). OR. Tiers de sou.

874. VICTORIA AVGVSTORVM. Croix; CON. OB. (id., n° 11). OR. Tiers de sou.

Heraclius Ier, Eudocie et Heraclius II.

875. HERACLIVS P. P. AVG. Buste d'Héraclius de face. R̸. Bustes de sa femme et de son fils de face (pl. XXIX, n° 16). AR. 2 pièces.

Heraclius et Heraclius Constantin.

876. VICTORIA AVG. V. Croix sur des degrés; CON. OB. (id., n° 18). OR. 2 pièces.

877. DEVS ADIVTA ROMANIS. Croix sur un globe et des degrés; dans le champ, K (id., n° 24). AR. Médaillon.

Héraclius Ier, Héraclius II et Martine.

878. D. D. N. N. ERACLIVS ET HERI CONS. PI. Leurs trois bustes de face. R̸. M. cursive; dessous, TA ANNO XVI RAV.; rare et très-belle pièce (pl. 31, n° 2). MB.

Héraclius Ier, Héraclius II, Héracléonas.

879. Les trois personnages debout. R̸. VICTORIA AVG. E. Croix sur des degrés, COM. OB. (Id., n° 6). OR.

Héraclius II ET Héracléonas.

880. D. N. ERACLIORVM. Leurs deux bustes de face. R̶. XX. ROM. (id., nº 31. PB.

Héracléonas, David, Tibère, Constant II.

881. D. N. HE.... Leurs trois bustes de face. R̶. K. ANN. III. ROM.; très-rare et belle pièce (pl. 32, nº 33). PB.

Constant II.

882. VICTORIA AVGG. I. Croix sur des degrés. CONOB. F. (id., nº 5). OR.

883. Même Médaille avec la longue barbe. OR.

Constant II, Constantin IV, Héraclien ET Tibère.

884. VICTORIA AVG. E. Héraclius et Tibère debout près d'un calvaire (pl. 34, nº 17). OR.

Constantin, Pogonat, Héraclius ET Tibère.

885. VICTORIA AVG. Θ. Même type (pl. 35, nº 14). OR. 2 pièces.

Constantin IV, Pogonat.

886. VICTORIA AVGVS. Croix sur un globe (pl. 36, nº 10). OR. Tiers de sou.

887. Même médaille sans globe sous les croix. OR. Tiers de sou.

Justinien II.

888. VICTORIA AVGS. Croix sur trois degrés. ᴛᴏᴍ. OB. (pl. 37, nº 6). OR.

889. Même type, dans le champ, R. (id., nº 8). OR. Tiers de sou.

Tibère V (Absimare).

890. VICTORIA AVG. Croix; dans le champ, Θ ; dessous, CON. OB. (id., nº 28). OR. Tiers de sou.

Justinien II ET Tibéré V.

891. D.N. ISH. CHS REX REGNANTIVM. Buste de Christ derrière une croix ; rare et très-belle pièce (pl. 38, n° 9). OR.

Théodose III.

892. VICTOR VVIA. Croix ; dans le champ, étoile. Fabrique barbare (pl. 39, n° 2). OR.

Léon III.

893. VICTORIA AVSV. C. Croix ; sur des degrés, CON. OB. ; rare et superbe pièce fleur de coin (id., n° 7). OR,

Constantin V, Copronyme.

894. D.N. CONSTANTIN. Buste de face de Constantin. R. D.N. LÉO. P. A. MVL. Buste de Léon accosté de R. I. (id., n° 27, variée). OR. Tiers de sou. 2 pièces variées.

Constantin V ET Léon IV.

895. CONSTANTINOS, etc. Bustes de Constantin et de Léon ; belle et rare médaille (pl. 40, n° 16). OR.

Nicéphore ET Staurace.

896. STAVRACIS DESPOIX. Buste de Staurace de face. R. NIKEFOROS BASILE. Buste de Nicéphore de face ; très-belle pièce (pl. 41, n° 17). OR.

Léon V, Constantin VII.

897. LEON. S. CONSTANTINE. EC ΘΕV BACILIS ROMAION en cinq lignes, dans le champ ; pièce rare et fleur de coin (pl. 42, n° 8). AR.

Théophile.

898. ΘEOFILOS. Buste de face. R. ΘEOFILOS. Même buste à (pl. 43, n° 8). OR. 1/2 sou.

899. Même pièce également fleur de coin (id., n₀ 9). Or. Tiers de sou.

Théophile, Michel ET Constantin.

900. ΘEOFILOS BASILEX. Buste de face de Théophile. R̶. MIXAHL S. CONSTANTINI. Bustes de face de Michel et de Constantin (id., n° 16). OR. 2 pièces.

Théophile ET Constantin VIII.

901. ΘEOFILOS BASILE. Buste de Théophile tenant le globe. R̶. Légende barbare. Buste de Constantin ; rare et très-belle pièce (id., n° 20). OR.

Michael III, Basile Iᵉʳ.

902. MIXHAL. Buste de Michel de face. R̶. BASILEIOS.. Buste de Basile de face (pl. 44, n° 13). OR. Tiers de sou.

Basile Iᵉʳ, Constantin VIII.

908. BASILIOS ET CONSTANT AVGGS.B. Leurs bustes de face. R̶. ISH, etc. Le Christ assis de face (id., n° 12). OR. 2 pièces.

Basile Iᵉʳ, Constantin VIII, Léon VI.

904. LEON BASILE CONSTANSS. Leurs trois bustes de face. R̶. BASIL., etc. en cinq lignes dans le champ (pl. 45, n° 3). MB.

Constantin X ET Zoé.

905. CONSTANT CE ZOH. B. Leurs bustes de face. R̶. CONSTANTINO, etc., en cinq lignes (pl. 46, n° 5). MB.

Romain Iᵉʳ ET Christophore.

906. ROMAM ET XPISTOFO AVSS. I. Leurs bustes de face. R̶. IHS XPS, etc. Le Christ assis de face (id., n° 12). OR.

Constantin X ET Romain II.

907. CONSTANS CE ROMAN AVGS. Leurs bustes de face. R̸. IHS XPS, etc. Buste de Christ de face (id., n° 18). OR. 2 pièces.

Nicéphore II, Focas.

908. ΘEOTOC B. EΘ NICEF ΔECP. Bustes de face de l'Empereur et de la Vierge. R̸. IS, etc. Buste de Christ; très-belle pièce (pl. 47, n° 12). OR.

Jean Ier, Zimiscès.

909. ΘEOTOC BO. EΘ IO DES. Buste de la Vierge couronnant l'Empereur. R̸. IHS XPS, etc. Buste de Christ (id., n° 17). OR.

910. IHSVS XRISTVS NICA X. Buste de Jean avec IΩAN. R̸. IΩAN, etc. en cinq lignes (id., n° 19). AR.

Basile II ET Constantin XI.

911. BASIL. C. CONSTANTIN. Leurs bustes de face. R̸. IHS, etc. Buste de Christ (pl. 48, n° 14). OR. 2 pièces.

Romain III, argyre.

912. ROMAN, etc. La Vierge debout couronnant l'Empereur. R̸. IHS, etc. Le Christ assis (pl. 49, n° 2). OR. 2 pièces.

Constantin XII, monomaque,

913. CONSTANT BASILEVS, etc. Buste de Constantin. R̸. IHS, etc. Buste du Christ; pièce concave (id., n° 5). OR. 2 pièces.

Isaac Ier, Comnène.

914. ICAAKIOC BACIΛEVC PΩI. Isaac debout tenant son glaive. R̸. IHS, etc. Le Christ assis de face; pièce concave (id., n° 17). OR. 2 pièces.

Constantin XIII, ducas.

915. KON BA. O. ΔOVKA. L'Empereur debout. R̸. IHS, etc. Le Christ assis; pièce concave (pl. 50, n° 3). OR. 2 pièces.

Eudocie, Romain IV, Michel et Constantin, et Andronic.

916. ROMAN, etc. Le Christ debout couronnant deux figures impé-
riales. R̂. KONC, etc. Trois Empereurs debout; pièce concave
(id., n° 11). OR. 2 pièces.

Michel VII, ducas.

917. MIXAHA BACIA, etc. Buste de Michel de face. R̂. IC. XC. Le
Christ assis de face; pièce concave (pl. 51, n° 4). OR.
918. Même médaille, le buste du Christ (page 175, n° 2). OR.

Nicéphore III, Botoniate.

919. NIKHΦP. ΔECΠ. TΩ. BOTANIAT. L'Empereur debout de
face. R̂. IC. XC. Le Christ assis; pièce concave (pl. 51, n° 16).
OR. 2 pièces.

Jean II, Comnène.

920. IΩ ΔECΠOTH. L'Empereur et saint Georges debout. R̂.
IC XC. Christ assis de face; pièce concave or pâle (pl. 53,
n° 15). OR.

Manuel Ier, Comnène.

921. MANΩHA ΔECΠOTH, etc. Manuel debout de face. R̂.
KERO.HΘEI IC XC. Buste de Christ de face; pièce concave (pl. 55, n° 3. OR. 2 pièces.

Isaac II, l'Ange.

922. ICAAKIOC, etc. L'Archange Michel et l'Empereur debout.
R̂. MP. ΘY. La Vierge assise de face (pl. 57, n° 15). OR.

Michel VIII, paléologue.

923. Légende rognée, l'Empereur, le Christ et un ange debout.
R̂. La Vierge au milieu des murailles de Constantinople;
pièce concave (pl. 59, n° 4). OR. 2 pièces.

Andronic II et Michel IX.

924. ΑΝΔΡΟΝΚ ΜΙΧΑΗΔ. Le Christ debout couronnant les deux Empereurs. R. Le même (pl. 60, n° 13). OR.

Jean III, Ducas, Vatases.

925. ΙΩ ΔΕC. Ο ΔΥΚΑC. L'Empereur armé debout. R. Écu à quatre bandes; très-belle et rare médaille (pl. 64, n° 12). MB.

Jean Ier, Axouchos.

926. ΙΩ Ο. ΚΟΜΝΗ, etc. L'Empereur debout. R. ΕΥΓΕΝΙΟC, etc. Saint Eugène (pl. 67, n° 7). AR.

Manuel Ier, Comnène.

927. 4 pièces variées (id., n°s 11, 12, 14, 16). AR

Alexis II, Comnène.

928. ΑΛΕ, etc. Alexis à cheval. R. Saint Eugène à cheval (pl. 68, n° 11). AR.

Basile Comnène.

929. ΒΑ. Basile à cheval allant à gauche. R. Saint Eugène à cheval (id., n° 16). AR.

930. ΙΩ Ο. ΚΟΜΝΗΝ, etc. Jean debout. R. Saint Eugène debout (pl. 69, n° 5). AR.

931. Sous ce numéro seront vendus des Lots de Médailles romaines consulaires et byzantines de tous les modules, conservation ordinaire.

Renou et Maulde, imprimeurs de la Compagnie des Commissaires-Priseurs, rue de Rivoli, 144.   7837

www.ingramcontent.com/pod-product-compliance
Ingram Content Group UK Ltd.
Pitfield, Milton Keynes, MK11 3LW, UK
UKHW031838170726
13836UKWH00004B/1765